U0870435

中 国 纪 念 馆 故 事

丛书主编 沈 强 朱成山

新四军纪念馆故事

主编 孙国栋

南京出版传媒集团
南京出版社

图书在版编目（CIP）数据

新四军纪念馆故事／孙国栋主编. —南京：南京出版社，2012.10

（中国纪念馆故事／沈强，朱成山主编）

ISBN 978－7－5533－0087－0

Ⅰ.①新… Ⅱ.①孙… Ⅲ.①新四军－纪念馆－中国－青年读物②新四军－纪念馆－中国－少年读物 Ⅳ.①K878.23－49

中国版本图书馆CIP数据核字（2012）第232134号

丛 书 名：中国纪念馆故事
丛书主编：沈　强　朱成山
书　　名：新四军纪念馆故事
本册主编：孙国栋
出版发行：南京出版传媒集团
南 京 出 版 社

社址：南京市太平门街53号　　邮编：210016
网址：http://www.njcbs.com　　电子信箱：njcbs1988@163.com
联系电话：025-83283893、83283864（营销）　025-83112257（编务）

出 版 人：项晓宁
出 品 人：卢海鸣
责任编辑：潘　珂
装帧设计：乔　伊
策　　划：博士工作室
责任印制：杨福彬

排　　版：南京展望文化发展有限公司
印　　刷：南京京新印刷有限公司
开　　本：718毫米×1000毫米　1/16
印　　张：13.5
字　　数：170千字
版　　次：2012年10月第1版
印　　次：2022年7月第3次印刷
书　　号：ISBN 978－7－5533－0087－0
定　　价：40.00元

用微信或京东APP扫码购书

用淘宝APP扫码购书

营销分类：教育·旅游

丛书总序

中国纪念馆应成为开展公共外交的平台

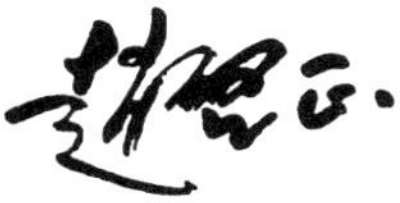

今年年初，成山同志邀请我为即将出版的《中国纪念馆故事》系列丛书作序，并告知中国目前已有1 000多家各种类型的纪念馆。

纪念馆对国内观众是学习历史、缅怀先人、传承文化的重要场所，对外国观众则是中国开展公共外交不容忽视的平台。

公共外交和政府外交组成国家的整体外交。“简言之，中国公共外交的基本任务是向世界说明中国，促进外国公众认识真实的中国——包括中国的文化传统、社会发展、经济状况、政治体制和对内、对外政策等。”*在这当中，向世界说明中国的历史，尤其是说明近代史中的重大事件和历史人物是顺理成章的。

中国纪念馆应该成为开展公共外交的优势平台。随着我国社会经济的快速发展，中国国际交通的愈加便利，越来越多的外国人士来到中国。很多人到达一座城市，往往要参观各种各样的纪念馆，甚或在纪念馆座谈研讨、深入交流，以获得我国的历史文化知识和各种其他信息，从而加深对中国的了解，形成各种各样的印象。在纪念馆中参观交流的过程，实际上就是公共外交的实践过程，只是参与人可能并未意识到而已。当前，我国正处在文化事业大发展的时期，相信中国纪念馆的阵容会越来越强大，开展公共外交的前景会越来越宽阔。

中国纪念馆发展到今日已经具有开展公共外交的良好条件。

* 赵启正著:《公共外交与跨文化交流》，中国人民大学出版社2011年版。

更可贵的是，许多纪念馆已经有了强烈的开展公共外交的意识，十分注意跨文化交流的方法创新，主动为来馆的外国人服务。据悉，仅以侵华日军南京大屠杀遇难同胞纪念馆为例，去年共接待了563万观众，其中有40多万人次来自世界上95个国家。为此，他们不仅配备了12种语言的语音导览器和《展馆简介》，还专门招聘和培训了英、德、日、韩等语种的讲解员。该馆所有的展品和标识都用中、英、日三种文字标注。不仅如此，他们十分看重国际交流，经常在国内外组织和参加国际学术研讨会和史料展，不仅吸引了学者到会，也有南京大屠杀幸存者参加。这些年，他们到过日本、韩国、印度、孟加拉国、以色列、波兰、美国、意大利、丹麦、俄罗斯、菲律宾等国，进行了历史文化与和平友好的广泛交流。这些都属典型的公共外交活动。

各国纪念馆的设计都尽力协调对内和对外的传播。英国曾经在20世纪90年代的中后期，通过通商、观光（包括各种纪念馆）、文化振兴来强化公共外交。他们在发展旅游业的同时，没有忘记着力唤醒国民的自豪感，以此努力刷新英国“保守顽固的阶级社会”的旧国际形象。“9·11”事件以后，美国强调重振公共外交，注意到表达的手段要适合青少年。英美两国的这些做法，几乎与中国纪念馆的工作重点与对象完全一致，除了对外交流，还以本国青少年为对象进行教育，唤醒国民爱国主义的自豪感、责任感和自信心。

用讲故事的方式传播历史文化，开展公共外交，是一种好的方法。公共外交可以更为宽松、生动和灵活地采取多种形式在多种场合发出声音，讲述本国的“故事”。许多历史事件与文化现象往往比较复杂，如用心不够，讲解起来会枯燥、呆板。如果通过纪念馆忠于史实的再描述，把它们变成一个个有情、有景、有味、有吸引力的故事，再配之于一幅幅图片，使历史人物或者历史事件鲜活起来，才能易于人们，尤其是外国人听得明白。

出版这套书是一件值得肯定和支持的好事。我相信《中国纪念馆故事》的出版问世，一定会引起社会各界的重视，也为我国开展公共外交增添一抹亮丽的色彩。

（作者原为中国国务院新闻办公室主任，现任中国人民政治协商会议常委、外事委员会主任，兼任中国人民大学新闻学院院长）

目　录

第三部分　文物故事解读篇

90-123

第四部分　纪念馆场地建设篇

124-149

150-205

第五部分　宾客参观访问篇

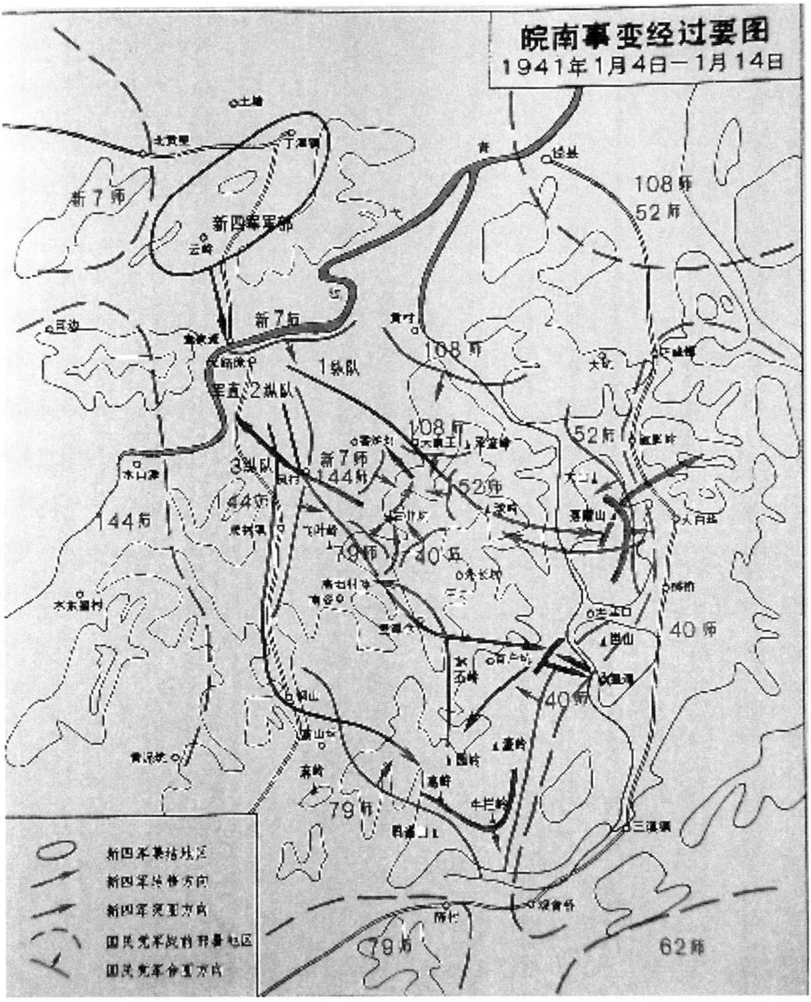

皖南事变经过要图
1941年1月4日－1月14日
新7师
新四军军部
云岭
泾县
108师
52师
新7师
1纵队
军直
2纵队
3纵队
144师
新7师
144师
52师
79师
40师
40师
79师
79师
62师
新四军集结地区
新四军转移方向
新四军突围方向
国民党军战前部署地区
国民党军合围方向

前　言

在全面推进社会主义文化大发展大繁荣的热潮中,《中国纪念馆故事》系列丛书《新四军纪念馆故事》一书应时面世,奉于读者。新四军是在抗日战争全国爆发时期诞生的一支抗日劲旅。在中国共产党的领导下,新四军历经皖南事变、重建军部、驰骋江淮、浴血抗战,在中国革命史上书写了彪炳千秋的光辉业绩,被毛泽东誉为“华中人民的长城”。1986年在江苏省盐城市兴建的新四军纪念馆,对新四军八年抗战、十年征程的辉煌历史、人物事件和重要战斗等均有较为丰富的收藏和展示,对开展以铁军精神为主题的爱国主义教育,有较为全面的探索和实践。出于纪念馆工作的职责和使命,根据中国博物馆学会纪念馆专业委员会的统一安排,我们推出《新四军纪念馆故事》一书,以飨读者。

在写作本书的过程中,作者仰视新四军的历程和伟绩,俯看纪念馆的收藏和建设,笔触新四军的精神和文化,识山识水,见仁见智。经过一个多月的辛勤耕耘,分为人物故事传奇篇、历史事件场景篇、文物故事解读篇、纪念馆场地建设篇和宾客参观访问篇5个篇章,近50篇文章,150多幅照片。其中人物故事传奇篇是按初建军部和重建军部两个时间段的领导职务排序,文物故事解读篇是按文物使用珍藏者的职务排序,其他部分是按事件发生的时间先后排序。本书资料翔实,内容丰富,篇幅短小,具有较强的可读性。相信此书的问世,会让读者多角度、多侧面地对新四军和新四军纪念馆有更为全面的了解和认识。

愿《新四军纪念馆》一书能够架起我们心灵沟通的桥梁。

N4A 新四軍紀念館

第一部分

人物故事传奇篇

叶挺将军坚定不移的入党情怀

叶挺将军是北伐名将，曾率领国民革命军第四军北伐先遣独立团挥师北伐，铸就了“铁军”的辉煌。他是抗日英雄，为国共两党公认的国民革命军陆军新编第四军军长，“领导抗战，卓著勋劳”。在他传奇的一生中，为了中华民族的民主和独立，始终坚持“道不同不相与谋”的原则，从孙中山先生的信徒到中国共产党引以为荣的人民英雄和民族英雄，尤其是他为最终投入中国共产党的怀抱，进行了20余年的奋斗，经历了种种严峻的考验，诠释了将军坚定不移的入党情怀。

叶挺在莫斯科加入共产党

叶挺

1924年下半年，已是中山先生信徒的叶挺在廖仲恺等人的全力帮助下，来到莫斯科东方劳动者共产主义大学，学习革命理论和军事知识，考察了苏联的社会主义革命和实践，从中受到深刻的教育和启发，思想上产生了质的飞跃，不久便提交加入中国共产党的申请。中共旅莫支部十分重视叶挺的入党申请。1924年12月1日，中共旅莫支部召开大会，讨论叶挺的入党问题。介绍人王若飞、陈乔年分别介绍了叶挺的历史和到莫斯科以来的表现，经过审查和考察，最后出席支部大会的70名党员进行表决，全体党员一致同意叶挺同志加入中国共产党。

1925年回国后，叶挺全身心地投入到为民族独立和人民解放的伟大斗争事业中。1926年创建了“叶挺独立团”挥师北伐，赢得了“北伐名将”的殊荣；1927年参加领导“八一”南昌起义，向国民党反动派打响了第一枪，被毛泽东称为“是我们共产党第一任总司令”。后来，广州起义失败后，由于党内左倾错误的武断把持，错误地作出了对起义领导者的处分决定，叶挺蒙受留党察看的不白之冤。事后叶挺不甘蒙屈，多次找党理论申辩，毫无结果，其时又受到国民党的通缉，无处立足的叶挺被迫流亡法国、德国等地考察，这一去就是近10年。

叶挺在延安抉择暂不入党

“七七”卢沟桥事变，揭开了国共合作全面抗战的序幕。1937年9月28日，蒋介石的国民党政府单方面宣布对叶挺的任命：任命叶挺为国民革命军陆军新编第四军军长，并授予国民革命军中将军衔。其时叶挺正在上海，听到这个消息，一时思想准备不足，便赴南京与叶剑英商量，表示愿意到延安与中共中央负责人当面商谈。1937年11月上旬，叶挺风尘仆仆地来到“革命圣地”延安。在延安，叶挺受到了热烈欢迎和盛情接待，此时，他情不自禁地升腾起重新加入中国共产党的愿望。但想到自己的特殊身份和当时国共合作的抗日大局，考虑再三，最后决定暂不入党，暂留党外，但愿在党的领导下开展工作。

后来，在谈起重新入党问题时，毛泽东征求叶挺意见。“你愿意不愿意恢复党籍？”叶挺袒露真情地说：“从心里讲，我离党10年，为离群孤雁，思想极度苦闷，做梦都想投入党的怀抱，但此时我的这种身份，我认为暂不宜恢复党籍。我作为无党派人士，可以自

叶挺军长在安徽泾县云岭新四军军部

由地与国民党官员交往，调解国共两党矛盾，代表新四军向老蒋要枪要军费……”叶挺这番心迹的袒露，得到了毛泽东的赞同和夸奖：“说得好，考虑周全，完全同意。”

叶挺出狱后立即要求入党

1946年3月4日，重庆《大公报》刊出一条引人瞩目的消息：“皖南事变”的受害者新四军原军长叶挺经过5年多牢狱之苦，今日可以恢复自由。下午6时50分，董必武、王若飞、邓颖超、廖承志等中共领导人在中共代表团驻地——重庆曾家岩50号，热烈欢迎叶挺将军出狱。见到老战友，握手拥抱，叶挺悲喜交集，兴奋不已。送走客人夜已至深，叶挺辗转反侧，难以入睡，干脆披衣下床，跑到隔壁廖承志房间，提出了要在重庆恢复党籍的愿望。廖承志十分钦佩叶挺的选择，对他说：党的大门始终是向你敞开着的，何况你的入党问题，中共中央早有考虑。你大胆地递交入党申请吧，中共中央会批准的！听到这些，回到房间的叶挺兴奋有加，立即找来纸笔，把凝结在心中多年对党的情感全部倾注在笔端。

毛泽东同志转中国共产党中央委员会：

我已于昨晚出狱。我决心实现我多年的愿望，加入伟大的中国共产党，在你们的领导之下，为中国人民的解放贡献我的一切。我请求中央审查我的历史是否合格，并请答复。

叶　挺

1946年3月5日于重庆

主持工作的南方局副书记董必武看到叶挺的申请书后，当即表示欢迎叶挺重新回到党的怀抱，并立即交代机要室，以“加急电报”的方式发往延安。

中共中央接到叶挺的入党申请后，第二天就进行了研究，并立即决定接受他为中国共产党党员。3月7日，经毛泽东亲自修改定论后，由中共中央复电叶挺。

亲爱的叶挺同志：

五日电悉。欣闻出狱，万众欢腾。你为中华民族解放事业与人民解放事业进行了20余年的奋斗，经历了种种严重的考验，全中国都已熟知你对民族与人民的无限忠诚。兹决定接受你加入中国共产党为党员，并向你致热烈的慰问与欢迎之忱。

中共中央

1946年3月7日

3月9日，延安的《解放日报》刊登署名文章《欢迎叶挺将军》。文章指出，“中国共产党欢迎叶挺将军出狱，尤其欢迎他入党。中国共产党以叶挺将军的入党引为自己党的光荣”。

叶挺将军遗体安葬在延安“四八”烈士墓

叶挺重新投入党的怀抱后，积极要求回到新四军，置身于拯救中华民族的火热而广阔的战场。1946年4月8日，叶挺获得自由的第三十六天，接到中共中央的通知，代替周恩来到延安参加全军整军会议。上午8时45分，叶挺与夫人李秀文及王若飞、秦邦宪、邓发等同志乘美国空军四七型运输机，离开重庆，转途西安飞往延安。途中天气突变，飞机迷失方向，于下午2时左右，在晋西北兴县东南80公里处的黑茶山遇难，时年50岁。叶挺的遗体葬于延安“四八”烈士陵园。叶挺的一生是对党对人民无限忠诚的一生，尤其是十年的流亡生活，四年的抗日生涯，五年的牢狱磨难，更加坚定了他入党的决心，堪为今天共产党人的一面旗帜，激励我们为祖国的富强和人民的幸福而奋斗。

（周兆涵）

刻骨铭心父女情

——女儿眼里的项英

在别人眼里，项英是一位享有崇高威望和绝对权威的高级干部，叱咤风云的将军，而在女儿项苏云的心中，他却是一个手脚笨拙而充满慈爱的爸爸。

项英，原名项德隆，1898年5月出生在湖北省武昌县一个职员家庭里，15岁便进入武昌模范大工厂当工人。他白天做工，晚上还坚持读书，工作的磨砺和社会的淬炼塑造出他求实自强的不屈性格。“五四”运动的爆发，又坚定了他追求真理的执着信念。1922年4月项英加入中国共产党，领导过“二七”大罢工；1931年担任中华苏维埃共和国临时中央政府副主席，第四次反“围剿”之后还曾代理中央革命军事委员会主席。中央红军主力长征后，他和陈毅等人领导了南方三年游击战争，保存了革命火种。在抗日战争中，他又和叶挺、陈毅等人一起，将分散在南方八省的红军和游击队整编为新四军，在大江南北地区开展敌后游击战争，发展人民武装，创建抗日根据地。1941年1月在皖南事变中壮烈牺牲。

项英

项英青年时从事工人运动，入党后再没有回家探望过母亲，也没有照顾妻儿，他投身革命即为家，是一位名副其实的职业革命家。

作为项英的女儿，项苏云一生中与父亲在一起的时间仅有十二天，而关于母亲的记忆更近乎一片空白。她和很多革命者后代的人生轨迹一样，自1931年3月出生后就离开了父母，在陶行知创办的上海劳工幼儿园里生活。七岁那年，抗战正酣，小苏云被一位名叫郭清的老师带着从上海投奔延安，寻找父亲。几经辗转，她终于在1938年6月抵达延安，立即被送到“陕甘宁儿童保育院小学”读书。自此，年幼的项苏云终于结束了颠沛流离的生活，还得到了李富春和蔡畅夫妇的关心和照顾。

在大人们的谈话中，小苏云逐渐开始了解自己的身世，她的父亲就是新四军的重要将领，大名鼎鼎的项英，但也仅此而已。父亲在当时幼小的苏云心里只是个陌生的名字。直到1938年9月的一天，小苏云正在吃饭，老师来告诉她说：“你爸爸来了，有人接你去见他。”不一会儿，警卫员领着苏云来到了八路军大礼堂，这里正准备为外地来延安参加党的六届六中全会的人员举办欢迎会。陈云同志走过来问苏云：“你是不是来找爸爸？”随即就把苏云领到一排座位前，指着朱总司令身旁的一个人说：“老项，这是你女儿。”

六届六中全会部分领导人合影

又转过身来告诉苏云，“这就是你爸爸。”项英一把将女儿抱起来，放在腿上，关切地问：“你几岁了，叫什么名字？”就好像是在问别人家的孩子，苏云一一作答。虽然苏云一直很羡慕身边的同伴有爸妈可以撒娇，可当爸爸真的出现在眼前时，她的喉咙里像是塞进了棉絮，就是喊不出声，双眼直直地盯着父亲看。项英把女儿紧紧地搂在怀里，苏云顿时感到围绕周身的温暖。

项英和子女

第二天苏云放学后，项英接女儿到他住的窑洞里，就这样，父女俩一起生活了十二天。白天，项英参加会议，苏云上学读书，夜晚父女俩才得以相见。在这十二天里，项英多次嘱咐女儿要听老师的话，要听叔叔阿姨的话，要好好学习，长大才能为人民做事。项英每天总是亲自为女儿穿衣穿袜，刷牙洗脸，晚上为女儿洗完脚后安顿睡下，他才坐在油灯前看书看报，赶写材料。小苏云躺在炕上，睁着双眼看着爸爸宽阔的脊背，觉得踏实极了，心里美滋滋的，看着，想着，不知不觉中带着满脸的幸福进入了美妙的梦乡。在苏云眼中，爸爸做事井井有条，非常认真，可就是帮她穿衣穿袜时总是笨手笨脚的，没有保育院的老师和阿姨做得让人舒坦。然而，爸爸的认真、爸爸的微笑、爸爸的目光，让她真切地感受着慈祥，感受着疼爱。

可是苏云万万没想到，第十三天的清晨她像往常一样去上学，日本鬼子的飞机又飞到延安的上空，乱扔炸弹，乱扫机枪，老师带着他们分散到山里躲空袭。这时，项英突然决定离开延安赶回华中，特来学校向女儿道别，由于急着赶路，他没见着女儿就离开了。

苏云回到学校后，郭老师告诉她，爸爸已奔赴华中了。虽然爸爸不在身边，但苏云始终能感觉到爸爸的牵挂和疼爱。后来得知项英牺牲的消息后，苏云才意识到，延安一别竟是和爸爸的生离死别。

在这十二天里，项苏云静静地聆听父亲的谆谆教诲，享受着父亲的温暖和慈祥。这十二天，成为她一生中最刻骨铭心的记忆。

（成春梅）

淳厚大将张云逸

——创办烟厂传佳话

从辛亥革命黄花岗起义的炸弹队长，百色起义缔造红七军，到抗日战争两次组建新四军，历经解放战争时期的淮海战役、渡江战役和广西剿匪，大将张云逸戎马一生，征战途中多次遇险却从未受伤，是为福将。

1938年10月，张云逸奉命担任新四军参谋长兼第三支队司令员。1939年，兼任新四军江北指挥部指挥，组建五支队并带领部队反“扫荡”。1940年3月，国民党军第二十一集团军总司令兼安徽省主席李品仙和鲁苏战区副总司令兼江苏省主席韩德勤分头向我津浦路西和津浦路东进攻，企图夹击消灭我军。张云逸先集中主力于津浦路西，攻克了定远城，继又指挥第四、第五支队及挺进纵队、苏皖支队，展开了以半塔集为中心的自卫战，取得了第一次华中反顽作战的重大胜利，创造了以少胜多、以弱胜强的范例，开辟了皖东抗日根据地。陈毅元帅说“先有半塔，后有郭村；有了半塔，才有黄桥”，高度评价了半塔自卫战的重大意义。

张云逸

1941年皖南事变后，新四军在江苏省盐城重建军部，张云逸任新四军副军长兼第二师师长，领导淮南军民取得了冬季反“扫荡”作战的胜

张云逸

利。1943年3月，他部署了新四军第一师、第三师和第四师的反“扫荡”作战。1944年，张云逸部署和指挥苏北、苏中部队连续开展了春夏季攻势作战；8月，部署新四军第四师西进作战，建立豫皖苏边根据地。1945年8月15日，日本宣布投降后，张云逸参与领导华中军民继续向日伪军发动进攻，占领淮阴、淮安等30多座县城，歼灭日伪军3万余人。新四军军部在1945年10月发表建军8年来的战绩公报显示，8年中，新四军在江淮河汉之间的8大战略地区抗击日军13个师团、伪军23万人，总计大小战斗近3万次，毙、伤、俘日伪军429 636人，先后解放了4 000万同胞，建立了各级民主政权。其中张云逸参与指挥了许多关键的战斗，是新四军指挥员中有名的“百战将军”。

人们都知道张云逸驰骋疆场骁勇善战的戎马生涯军功赫赫，同样，他在抗战时期创办烟厂生产飞马牌香烟的故事也被传为佳话。1942年，为了解决根据地的困难和新四军指战员的生活需要，张云逸创办股份合作制烟厂生产名牌香烟。在淮南抗日根据地，战士们常常用树叶、麻叶来代替香烟，时任新四军副军长兼第二师师长的张云逸，开会时看到有战士从地上捡烟蒂吸，大受触动。他指示二师供给部与当地烟草公司合资入股成立新群烟

飞马牌香烟烟标

草公司，生产后来大名鼎鼎的飞马牌香烟，解决根据地军民的需求。他还指示从上海精印了大批大英牌香烟空盒，装上飞马牌香烟销往敌占区，这种烟被称为“四爷(新四军)的烟”，当时在延安的毛泽东同志也抽飞马烟。张云逸用这种方式从敌占区筹集了大量资金换取药品、钢材等新四军急需的物资，并有力地配合了地方政府开展对敌经济斗争，被称为懂经济的军事家。1953年初，71、81、84毫米的飞马牌香烟作为一种品牌被上海卷烟厂二、三、五厂同时生产，其中71毫米香烟直到1992年才停产。特别值得一提的是，飞马牌香烟在1984—1992年的近9年中生产了84.5万箱。

张云逸将军一贯谦虚谨慎和重视维护领导核心，对毛主席、周总理、刘少奇同志、朱总司令和邓小平、刘伯承、陈毅同志都十分尊重，从不突出自己。陈毅元帅称张云逸为“同志长兄”，说:“云逸既是一个好主角，也是一个好配角。当主角时能集思广益，从善如流;当配角时则主动配合，精诚合作。”张云逸任新四军副军长时同时兼任抗大八分校校长。一次张云逸与政治部主任邓子恢同时出席抗大八分校举行的开学典礼，会间他起立向邓子恢敬礼请其作指示。有人质疑说副军长向政治部主任请示报告不合礼仪，张云逸却说:“我虽是副军长，但也是学校校长，学校校长向军政治部主任请示报告，有何不可?”军部驻江苏省阜宁县停翅港时房东大娘忽然腹痛，张云逸亲自穿田埂越沟壑，急跑至军部门诊所请医生去诊治。而当将军夫人头痛警卫员准备去门诊所

张云逸、罗炳辉与战士们会餐

请医生时，他却阻止说："以后凡是我家属有病，只要她自己能走来看的，不要门诊所派人来。"原新四军司令部门诊所医生沈华新每忆此都叹曰："将军风范，终生难忘啊！"

"有大海容人之量，高山仰止之德。"张云逸将军温敦睿达，被军史研究者称为"淳厚大将"。

（铁春燕）

生命的绝唱

——记新四军政治部主任袁国平

他孝顺他的母亲，却不能在老母身边尽孝，母亲为他哭瞎了双眼。

他深爱他的妻子，却让她三十四岁就守寡，终身沉浸在对他的思念中。

他关心他的孩子，却让他们对着镜子从自己的脸上寻找父亲的模样。

他就是被毛泽东主席誉为“我军著名宣传鼓动家”的新四军政治部主任——袁国平。

袁国平，1906年5月出生在湖南省邵东县一个弹棉絮的工人家庭里。他凭着自己的聪慧和勤奋，依靠奖学金读完小学，并以优异的成绩考入湖南省立第一师范。在第一师范的革命氛围熏陶和毛泽东、田汉等进步教师的影响下，他很快确立了正确的人生观。1925年在黄埔军校学习时，袁国平加入了中国共产党，从此全身心地投入到民族独立和人民解放的伟大事业中。1938年他出任新四军政治部主任，是新四军政治工作的重要开拓者和领导人。在皖南新四军军部工作的

袁国平

时日是袁国平一生中工作最具创造性，成果最辉煌，生活最丰富多彩的一页，他深深地眷恋着脚下的那块土地。

1941年1月4日黄昏，夜幕低垂，新四军九千余名抗日健儿，在军长叶挺、副军长项英的率领下，高唱着由袁国平作词、著名作曲家任光谱曲的歌曲《别了，三年的皖南》，怀着依依惜别之情，冒雨踏上了悲壮的行程。

前进号响，大家准备好，
子弹上膛，刺刀出鞘。
三年的皖南，别了！
目标——扬子江头，淮河新道，
哪个来拦路，哪个被打倒！
穿过重重叠叠的封锁，
冲进日本鬼子的窝巢。
我们一定胜利，我们一定达到目标。

1940年，曾参加南昌起义的新四军干部在皖南合影。前排左起：周子昆、袁国平、叶挺、陈毅、粟裕等。

然而这首歌却成了袁国平生命的绝唱。

当部队行至泾县茂林地区时，遇到国民党军有预谋的重兵围歼。突围中，袁国平带领一小支部队从重围中杀开一条血路冲了出来。此时，袁国平已身中四弹，伤势非常严重，昏倒在路旁的树丛中。军部卫士连副连长李甫及战士们见他浑身血肉模糊，不能行走，于是战士们轮流背着他连夜继续突围。袁国平醒来后吃力地对李甫说:“战士们都是革命的种子，要赶快突围，把他们带出去……”“你们走你们的，不要管我了！”战士们不肯把首长丢下，就用树枝简单地扎了副担架，抬着他走。天大亮时，他们已赶到了章家渡口，大家跳进冰冷的水里，用手托着袁国平的身体，慢慢地渡河。不料被堵截他们的敌人发现，敌人密集的子弹向他们射来，抬担架的战士一个又一个倒下，袁国平也多次掉进冰冷的水里。上岸后，战士们发现袁国平因流血过多，脸色苍白，眼神凝重，他挣扎着把一个笔记本和七块大洋交给李甫，用极其微弱的声音断断续续地说:“你们赶快突围，多出去一个人就多一份力量……不要管我了……否则一个也出不去……替我向组织汇报。”并指着七块大洋说，“这是党费。”在生命的最后时刻，袁国平想到的不是自己，而是他人，战士们感动得流下了眼泪。此时，谁也没有注意到袁国平已摸出别在腰间的勃朗宁手枪，对准自己的太阳穴扣动了扳机，践行了他在皖南部队突围前动员时所讲“如果有一百发子弹，要用九十九颗射向敌人，最后一颗子弹留给自己，决不当俘虏”的誓言，实现了他“舍身赴敌，战死沙场”的夙愿。他牺牲的不光是自己年仅35岁的生命，还有对家人无法完成的义务、无法实践的承诺。

袁国平牺牲后，李甫把他的遗体交给当地游击队的负责人刘奎，刘奎将袁国平的遗体安葬在一个老木匠的祖坟地里，并告诉老人说:“这是新四军政治部主任袁国平，千万别让人知道，我们一定会回来的。”老木匠用刺刀在一块青砖上刻了“袁国平”三个字，把它放在遗体的上衣口袋里，又在袁国平的头下放了一根腰带作为记

袁国平的墓

号。每年清明老木匠都去祭扫，老人临终前才交代老伴:“这祖坟地里还葬着袁国平，等新四军回来一定要把他的遗骸交给新四军。”就这样，老太太每年清明照样去上坟，直到1949年解放军攻打芜湖，她才让儿子去打听解放军是不是当年的新四军。后来她的儿子在芜湖找到部队并与刘奎取得联系，1955年6月，袁国平的遗骸迁葬于南京雨花台望江矶(即今功德园)。可谓“后人铭记即不朽，活在人心变永生”。

(成春梅)

新四军的“总教头”

——周子昆

1927年深秋，朱德、陈毅率南昌起义部队向广东进军，数万名国民党军队围追堵截。起义部队伤亡惨重，有些人产生了动摇，朱德把部队集合在一起进行动员，一个左臂带着绷带的年轻营长“噌”地站起来，坚决地表态：“我们二营剩下的56人愿意跟着朱军长战斗到底，革命不成功，决不回家乡。”顿时军旗摇动，群情沸腾。“革命不成功，决不回家乡”的口号响彻山谷。这个年轻的营长就是后来成为中国工农红军和新四军高级指挥员的周子昆。

周子昆，原名周维宽。1901年出生在广西桂林的一个贫农家庭，1919年从广西省立第一甲种工业学校毕业，因生活所迫投军于桂系军阀刘震寰部任职，他目睹军阀部队的黑暗腐败，不愿同流合污而向往革命。1925年10月加入中国共产党，从此认准了人生的航向和目标，终生未变。全国抗战爆发后，他奉命从延安到南方协助叶挺、项英筹建新四军军部，任新四军副参谋长，组织部队分别开赴苏南、皖中、皖南抗日前线。

周子昆

在周子昆的生命历程中，他担任过多方面的工作，许多事没有先例可循，要勤奋学习、分析总结、大胆实践。他在担任新四军副参谋长期间，因参谋长张云逸在江北指挥部工作，实际上新四军司令部的全盘工作由周子昆负责。他非常重视司令部机关的建设，曾两次召开参谋工作会议总结工作经验，还制定了《参谋工作条例》、《军事工作条例》，这些无不映照出周子昆刻苦钻研政治军事理论知识，努力学习掌握军事指挥艺术的才华。

为培养干部，1938年8月新四军教导大队扩编成教导总队，周子昆兼任总队长，是一位名副其实的"总教头"。学员大部分是来自南方各省的青年，也有来自马来西亚、印尼、新加坡等国的华侨。周子昆以毛泽东为抗日军政大学的题词"勇敢，坚定，沉着，在斗争中学习，为民族解放事业，随时准备牺牲自己的一切"作为学员的座右铭。他十分重视加强政治思想工作，严格军事训练，以极大的热情和干劲，亲自编写教材，讲授游击战的战略战术，组织实战演习。每次操练和演习，周子昆总是亲自登上讲台，精神抖擞地喊口令，纠正动作。他说："演习是为了检验对抗敌人是否能取得胜利的手段，不是为了演习而演习，要讲效果。"教导总队的口号是"平时多流汗，战时少流血"，"操场就是战场，演习就是作战"。因而，新四军教导总队被誉为"南方抗大"，三年里将4 500多名坚持抗日、训练有素的军政干部一批批输送到敌后抗日根据地，加强了大江南北的抗日力量。

周子昆不仅能治军，而且会打仗。1940年4月，侵占芜湖的日军出动了3 000余人进犯繁昌，开始对皖南根据地疯狂"扫荡"，驻皖南的10万国民党军全线撤退。周子昆率部痛击敌人，重创日军的指挥机构和炮兵部队，毙伤敌中佐以下317人，日军被逼溃退。10月初，日军集中数万兵力，矛头直指位于泾县云岭的新四军军部。形势万分危急，周子昆指挥一个团在三里店父子岭一带构筑工事，迎击从泾县扑来之敌。他镇定自若地指挥部队，以密集火力一次又一次把日军打退。日军恼羞成怒，派飞机轮番轰炸。突然几架敌机朝临时指挥所俯冲下来，警卫员急忙拉周子昆跳下门前的深沟。“轰隆”一声巨响，一枚炸弹在沟旁爆炸，周子昆被炸起的泥土压倒，埋了半截身子。警卫员把他拉起来，他吐掉嘴巴里的泥土，风趣地说:“奉系军阀打伤我的手，国民党军阀打伤我的肩，东洋军阀想要我的命。要我死，哪有那么容易呀!”他看一看手表，胸有成竹地指挥部队继续作战。在新四军干部战士一阵猛烈的炮火打击下，敌人又一次被打了下去。一直打到日头偏西，日寇始终未能爬上父子岭，反而在坡下横七竖八地堆叠了一层层的尸体。新四军在这次著名的父子岭反“扫荡”战斗中取得了歼敌近3 000名的胜利。

周子昆的墓

1941年1月，蒋介石制造了震惊中外的皖南事变，新四军陷入敌人的重重包围之中。3月13日在突围途中，周子昆被叛徒杀害于皖南茂林的蜜蜂洞，年仅四十岁。一代名将殒皖南。周子昆的一生是革命的一生，战斗的一生，他为中国人民解放事业和人民军队的发展壮大作出了重要贡献，已载入革命史册。

（成春梅）

情系农业的邓子恢

邓子恢，杰出的革命家、政治家。他经历、阅历丰富，是闽西革命根据地和苏区的主要创建者和卓越的领导人之一，历经土地革命战争、抗日战争和解放战争。新四军重建军部时，他任新四军政治部主任，解放后曾任中共中央农村工作部部长、国务院副总理、全国政协副主席等职。在他光辉的一生中，最为人们所称道的，是他为新中国农业的发展所倾注的心血、作出的贡献，被誉为农业工作的卓越领导人和党内的农业、农村工作专家。

邓子恢的农业农民情结，与他的身世和早年的经历有关。1896年，邓子恢出生在福建直隶州（今龙岩）东肖镇泉井村一个没落的官宦家庭。1913年，以优良的成绩考入龙岩中学堂。此时辛亥革命后的社会动荡，使得他的全家备受磨难和欺凌，母亲去世更使苦难的家庭雪上加霜。年幼的邓子恢既愤恨腐朽社会，更希望通过努力学习，出国留学，来改变国家和家庭的命运。1917年，邓子恢以龙岩县第一名的成绩获得了公费留学资格，东渡日本。然而，1918年5月，段祺瑞政府的卖国协定《中日共

邓子恢

同防敌军事协定》，改变了邓子恢等留日学生的命运，全体留日学生放弃学业，罢课回国。邓子恢回到了家乡，在江西崇义县杰坝墟一家店铺里当伙计，这一干就是9年。这9年中，邓子恢走遍了杰坝墟附近的所有地方，他对赣南山区农民的生活、两极分化和社会矛盾有了深刻的了解。旧社会的农民没有自己的土地，田赋、地租、苛捐杂税、高利贷，沉重地压在了辛勤劳作的农民身上，邓子恢对此不仅是深深的同情，更多的是对农民和土地问题的思考。

1938年1月，邓子恢被任命为新四军政治部副主任，这是他在龙岩东肖龙泉村的留影。

我国是世界上农业发展最早的国家之一，但连绵的战火使得我国近代农业满目疮痍，农民生活苦不堪言。中国共产党从成立之初，就高度重视农民问题。1921年4月，《共产党》杂志第一次发表了《告中国的农民》，指出："中国农民占全国人口的大多数，无论在革命的预备时期和革命的实行时期，他们都是占重要位置的。"1927年7月20日，中国共产党发出中央通告《目前农民运动总策略》，提出"中国革命进到一个新阶段——土地革命的阶段"，指出今后党要坚决地站在土地革命立场，领导农民进行武装斗争，夺取政权。"八七"会议，正式确定了"土地革命和武装反抗中国国民党反动派"的总方针。

1928年，作为闽西革命的早期领导人之一，邓子恢创造性地贯彻中央"土地革命"的总方针。他深知土地和农民、农民和党的关系，把土地分配到农民手中，农民就会誓死捍卫自己的胜利果实，就会真诚拥护共产党。于是邓子恢走进了田头村舍，听取大家的意见，商量分田原则和具体办法，竭力满足农民的土地要求，成功地组织实施了福建第一次土地革命——溪南苏维埃区域土地革命，创造了溪南分田经验。1929年，他组织领导了闽西土地改革，制定了《土地问题决议案》，不仅使农民获得了实实在在的利益，也使得其他阶层的利益得以有一定保障。这一成功经验，为全国各根据地土改运动提供了良好的借鉴和示范。

1946年上半年，蒋介石积极准备发动全面内战。毛泽东敏锐地指出："蒋介石对于人民是寸权必夺，寸利必得。人民得到的权利，绝不允许轻易丧失，必须用战斗来保卫。"时任中共中央华中局书记的邓子恢深深认识到，此时农民强烈希望"耕者有其田"，彻底废除封建剥削。这与中央看法不谋而合，形势呼唤着新的土地政策。于是中央决定召开一次由各中央局、中央分局和解放区主要领导参加的会议，专门研究土地问题。1946年4月，邓子恢从苏北淮阴经北平前往延安，直接参与了《关于土地问题的指示》的讨论，指示确定了在减租减息算旧账中解决农民土地问题，基本上达到"耕者有其田"的目的。1946年5月，邓子恢回到苏北淮安，领导实施了华中解放区的土改运动，他所实施的"中间不动两头平"的土地政策被中央肯定为"最坚决的土改路线"。到了秋收时节，华中解放区2 400万人口完成土地改革，其中1 500万贫雇农分到土地，700万中农土地不进不出。在严峻的战争形势下，华中局

邓子恢1951年于武汉

仅用两三个月，就改变了存在几千年的封建制度，占土改区92%的贫雇中农成为了土地的主人，成为了华中最坚实的群众力量。这一时期，邓子恢在农村土地改革和群众工作方面的独特创造，受到中共中央的充分肯定。

1952年，邓子恢调任中共中央农村工作部部长。1954年9月，当选为国务院副总理，主要负责领导农村工作，为探索中国社会主义农业的发展道路，改善农民的生活，殚精竭虑，奔走呼号，即使身陷逆境，仍矢志不渝。

晚年的邓子恢总是上身一件旧中山装，下着一条缅裆裤，足蹬一双黑色圆口布鞋。他的衣着、生活方式越来越与农民相融合，他为农村和农民问题奉献自己毕生的精力，农民们也把他视为知己。

（周振华）

军长一托重如山

在革命老区盐城，抗战时期陈毅托子的故事，至今仍广为传颂。陈毅是皖南事变后新四军代军长，也是新中国成立后被授予的、从新四军队伍中走出的唯一的一位元帅。陈毅出生于1901年，早年投身革命，长期残酷的斗争环境使得他的婚姻极为坎坷。1940年春节前，时任新四军江南指挥部指挥的陈毅和新四军政治部干事张茜喜结为革命伴侣。1942年5月25日，41岁的陈毅迎来了生命中的第一个孩子。

中年得子，陈毅极为高兴，他给孩子取了个响亮的学名——昊苏，为日出东方、照耀江苏的意思。因为孩子出生在盐城阜宁县停翅港军部附近的侉周村，孩子小名就取为小侉。

陈毅

皖南事变中，新四军遭受国民党重创，根据中共中央革命军事委员会命令，新四军在苏北盐城重建军部，因此，盐城和盐阜区不可避免地成为日、伪、顽进攻的重点目标。如何让新四军重振军威，彻底击碎日寇和国民党一举消灭新四军的企图？如何让华中各抗日根据地进一步巩固和扩大，让老百姓过上安定的生活？这千万斤重担压在陈毅的肩头，以至于张茜初生爱子，他都未能陪在妻子身边。几天后，陈毅在戎马倥偬中看完孩子，就急忙赶回军部，这让给孩子接生的奥地利医生罗生特大为不满，他不解地说："我真不懂你们中国共产党人的感情！"

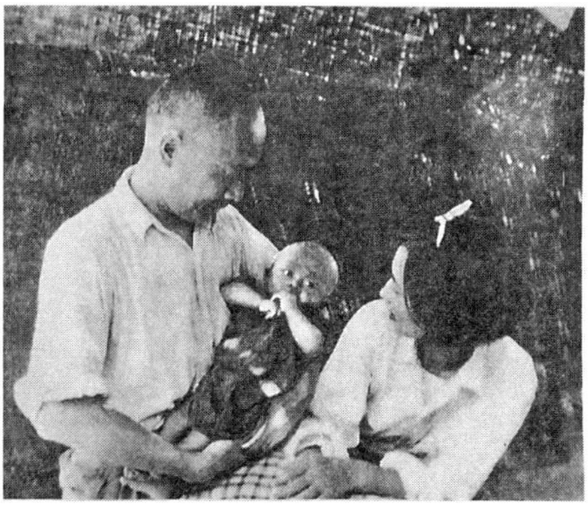

陈毅夫妇与陈昊苏在阜宁

1942年年底，日伪军连续对苏中、苏北抗日根据地发动"扫荡"，为了适应形势的需要，军部机关决定从阜宁移驻到淮南黄花塘（今盱眙），这时昊苏刚六个月。因为带着孩子行军很是不便，临行前，陈毅和夫人张茜商量，把孩子托养给当地的老百姓，等形势好转，再把孩子接回。其实陈毅和张茜心里都明白，战乱之时，很多战友托养的骨肉至亲以后根本无法找寻，特别是新四军走后，日伪军对根据地的老百姓进行残酷的报复，对革命队伍的人留下的子女，他们更是要斩草除根，所以留下昊苏，真不知是否还能团聚。但他们更清楚舍小家顾大家的道理，虽有万般不舍，昊苏还是托付给了射阳县参议会参议长邹鲁山。

邹鲁山是盐城阜宁人，毕业于国立东南大学，曾在上海执教。"七七"事变后，他回到家乡，捐资组织地方武装抗日。最初，他对我们党和八路军、新四军缺乏了解，当八路军五纵队解放他的家乡时，他和家人一起还避了一阵。后来看到八路军、新四军纪律严明，秋毫无犯，与其他军队有着天壤之别，他渐渐地转而拥护共产党、支持新四军，并和新四军代军长陈毅结下了深厚的情谊。

面对陈毅重托，邹鲁山慨然允诺，表示绝不辜负他的重托！小昊苏就这样成为了邹家的一员。突然间多了一个可爱的小男婴，邹家热闹了，邹鲁山的三个女儿抢着抱，四邻八舍也纷纷来打听："这谁家的孩子啊？”邹鲁山笑道：“我没儿子，这是我从外头抱来做儿子的。”谁也不会想到，这是新四军代军长陈毅和张茜的孩子。

所有人都知道，邹鲁山对这个领养的孩子十分疼爱，胜似亲生。孩子偶有不适，邹鲁山就急坏了，不仅立即请医生诊治，还亲自给孩子喂药。小昊苏在邹家一天天地长大，结实、活泼、可爱。在日伪军对盐阜地区疯狂大“扫荡”期间，邹鲁山夫妇心里格外紧张，他们经过商量，带着孩子“埋伏”起来。

1943年端午节就要到了，按照盐阜地区的风俗，邹鲁山一家都在给“邹家”小公子——昊苏准备虎头鞋，做香袋，已经会走几步的小昊苏也开心地在大人们中间摇摇晃晃地走来走去。端午节前一天下午，邹家来了一位特殊的客人，大家和他都不认识，但他给邹鲁山带来一封信，说了几句话后就在邹家住下了。谁知第二天，当邹家姐妹找弟弟挂香袋、穿虎头鞋时，发现弟弟不见了，顿时号啕大哭，邹鲁山这才向家人告知事情原委：孩子是陈毅代军长和张茜的爱子，已被代军长派人接回。众人听后都惊讶不已。

陈毅在给邹鲁山的信中，表达了对邹鲁山和其家人抚养昊苏

“陈毅托子”场景

的深深的感激之情，同时也鼓励邹鲁山做一个革命者。正是在陈毅的影响下，邹鲁山走上了革命的道路，加入了中国共产党。

如今，当年的小昊苏也有70多岁，是我国外交战线上的优秀人才，他始终关心着盐阜区的发展，也多次返回出生地，探望当年抚育他的乡亲们。陈毅托子的故事，被新四军纪念馆制作成专门场景，每天吸引着许多的观众前来参观，观众们总是被这一新四军在盐城的真实故事深深感染。陈毅托子的故事，成为新四军在盐阜区军民鱼水情深的真实写照。

（周振华）

响亮地回答：我们在敌后干些什么

在少奇同志一生中，有17个月是在盐阜地区度过的，新四军在盐城重建军部时，他任新四军政委，因此对盐阜区有着特殊的情怀，而盐阜人民也有幸多次聆听到他的教诲。1941年6月3日，盐城县召开了第二届参议会，少奇同志亲临大会，作了著名报告《我们在敌后干些什么》。这场报告不仅有力地抨击了日伪、反动派对我党我军的肆意诋毁，阐明了我党我军的政治主张、介绍了新四军，同时，也为盐城乃至苏北描绘出美好蓝图。

1941年1月，新四军在盐城重建军部，盐城驻扎进了众多不为老百姓所熟知的部队，他们穿着蓝灰色的军装，带着“N4A”臂章，从不欺压百姓，还帮百姓做事、打鬼子。共产党实行的全新的“三三制”政权形式，让老百姓选出自己的代表管理自己，开始了当家做主的崭新生活，千年古城焕发出盎然生机。

刘少奇

新军部设在了盐城城西的泰山庙，寺庙中的藏经楼成了新四军政委、中共中央华中局书记刘少奇办公生活之所。但所有这些，并未给少奇带来一些欣慰，此时他心中难以平静。各处电文不断传来，日伪军企图统治和伪化苏北，苏北的国民党军虽然节节败退，但他们对新军部在盐城成立、各地新政权的建立，却是惶恐不安，甚至视为大患，欲除之而后快。因此敌人的军事进攻从未停止，反动分子几个月来一直四处散布谣言，说共产党与新四军在苏北除了干三民主义外，还要干共产主义、共产共妻、杀人放火、实行三头（开始叩头、后来摇头、最后杀头）政策，如何不利于有钱人、如何与人民冲突、如何会失败、如何不讲感情不讲面子等等，新四军甚至共产党的政权，在盐城不会长久。这使得民众间有相当一部分人动摇了，当顺民，甚至有些人当起了亡国奴、汉奸。盐城出现某些士绅甚至乡保长在民众间摊牌捐款，购买粮食、猪、鸡、蛋等讨好敌伪，并为虎作伥，带路、做侦探、当维持会负责人。某些流氓势力、地方恶霸也趁乱企图发国难财，组织武力、霸占地方的活动也增多了，甚至有人公开叫嚣：共产党和新四军在苏北乃至华中，他们到底能干些什么？如何迅速打开局面，消除民众心中的恐慌、误会和疑惑，进一步建立密切的、相互信赖的关系，推进抗日民主政治……刘少奇在思索着。

1941年6月3日，盐城第二届参议会召开，重点讨论在抗日和民主的共同主张之下，团结一致、和衷共济等问题。会议代表包括了盐城各界的领袖，各阶层各党派的代表，有地主和贫苦工人农民，有佛教会的和尚和共产党员，有高级职员，甚至还有从国民党回家的代表，涵盖不同地区、不同职业、不同性别、不同年龄。借着此次会议，少奇在众人的掌声中走上了主席台，作《我们在敌后干些什么》的精彩报告。报告中，少奇首先阐述了中国该不该完全独立和彻底民主，解释了共产主义和三民主义的关系，明确申明共产党愿为三民主义的彻底实现而奋斗，回答了新四军在苏北只干两件事，一件是干抗日，一件是干民主，也就是为中华民族的完全独立与中国人民的完全解放而奋斗。提倡人民组织抗日政府，这种政府是抗日民族统一战线性质的，是所有抗日各阶层人民联合的政

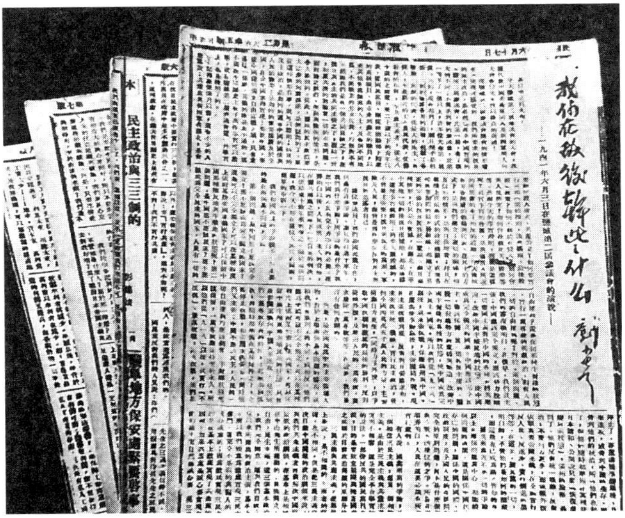

《我们在敌后干些什么》

权。少奇还说，新四军吃了穿了人民的，就是人民养育，就是人民的军队，人民完全有权利批评它、教育它、指导它，要求它为人民的福利而战斗。共产党人主张感情不掩盖真理，私情不妨碍公事。共产党人不准备辜负任何一个朋友。告诫反共分子，再来尝试一下反共的话，那就是除开毁灭他自己以外，是不会有其他结果的。报告中，少奇不仅打消了社会各界对新四军的怀疑观望，甚至抵触的情绪，明确新四军的首要任务，还高瞻远瞩描绘出未来盐城的美好蓝图。他说：我们的目的，就是要把盐城，把苏北，把华中抗日根据地，把全中国都办好，办成一个新盐城、新苏北、新的中华民主共和国。少奇的报告使得全场掌声雷动，报告很快被全文刊登在《江淮日报》上，传遍华中大地，引起极大反响。它就像一声春雷，炸散了人们心头的阴霾，炸毁了敌人的诋毁与谣言，坚定了人们抗日的信心和决心。

1942年3月，少奇离开苏北阜宁单家港北上延安，他在盐阜大地上留下的《我们在敌后干些什么》的著名报告，成为今天盐城人民珍贵的红色记忆和宝贵的精神财富。这篇精彩文章，不仅是少奇在党政、军政和地方政权建设上的重要论著，更重要的是为盐城未来，特别是新的地方民主政权建设描绘了宏伟蓝图。今天的盐城，正发生着翻天覆地的变化，少奇当年的愿望，已变成了美好现实。

（周振华）

岁月留痕

——赖传珠日记印象

赖传珠

赖传珠，江西赣县人，生于1910年，17岁时加入中国共产党，1928年随毛泽东上井冈山，长征后历任陕甘宁省苏维埃政府军事部代部长、新四军参谋长、东满军区副司令员等职，1955年被授予上将军衔。

全面了解这位传奇人物要从他那本珍贵的日记入手。近期，当我阅读完《赖传珠日记》全文后，心灵被深深地震撼了，书中那简洁的文风，朴实的内容和以历史时间为顺序记载的日记，分明是一部反映红军和新四军征程的特别档案，它真实地记录了时代前进的步伐。

一、日记的写作背景和保存过程

1934年，在王明、博古和德国军事顾问李德的错误指挥下，中央苏区第五次反围剿失利。中央红军被迫进行战略大转移，开始了史无前例的2万5千里长征。赖传珠此时担任红一军团红一师政治委员。当年10月12日，他和师长李聚奎奉命率部撤至雩都和瑞金之间的龙泉坝地区集中。10月16日，奉命率部告别中央苏区，开始长征。也是从这一天起，做事沉稳细心的赖传珠萌生出一个念头：红军这次战略大转移山高路远，前程茫茫，必将是自己一生中不同寻常的历程。因此，他决定开始写日记。为防日后行军打仗途中笔墨纸砚紧张，他特意准备了3个笔记本放在行囊中。10月16日晚，赖传珠在简陋的宿营地写下了“于龙泉坝出发，晚上行军到达狒狒河下宿营”的第一篇日记。

从长征的第一天起，直至全国解放，赖传珠几乎天天不间断地把行军途中发生的许多重大历史事件、重要领导人的言论和部队的足迹一一记载下来，直至1965年去世。他逝世后，这些日记本由其夫人孙湘保管。“文革”期间，孙湘怕这些珍贵的日记被红卫兵翻走烧掉，连夜偷偷地将其转移到警卫员的家中藏起来，这样才使得日记幸免于难。1984年2月，孙湘将这批珍贵的日记捐献给沈阳军区，历经磨难的日记终于得以完整地保存下来。

二、日记的体例结构和内容概要

这本珍贵的日记以时间为序，真实地记录了四个历史时期发生在赖传珠身边的事情。一是红军时期，时间从1934年10月16日开始到1937年12月23日，主要记载了红军长征的历程，到达陕北后部队整编情况以及“七七”卢沟桥事变后国共合作抗日的有关问题。二是抗战时期，时间从赖传珠被任命为新四军参谋处长，随项英由延安赶往武汉太和街26号时开始。时间是从1937年12月24日至1945年10月13日，主要记录了赖传珠在新四军时期的工作以及日本投降后新四军在华中地区实施的受降工作。三是解放战争时期，时间从1945年10月14日至1949年10月11日，主要记载了抗日胜利后，蒋介石发动内战，新四军编入人民解放军序列后展开的各项工作和战斗情况。四是新中国成立后一段时期，时间从1949年10月2日至1950年4月30日，主要记录了中华人民共和国成立后赖传珠所在部队追剿国民党残余部队，直至解放海南岛的情况。

三、日记的重要价值

《赖传珠日记》一书由解放军文艺出版社发行，2000年3月第一版。

《赖传珠日记》真实地记录了许多重大历史事件，重要领导人的言论和行动，红军长征的艰难跋涉。在当时行军环境极度恶劣、战事极其紧张的间隙，赖传珠记下了每天的行程和战斗概况，为后人提供了一幅幅真实的历史画面，也为党史军史工作者研究红一军团红一师的长征历程提供了宝贵的第一手资料。日记涉及地名2 000多个，人物1 000多个，其中团级以上干部644人，可谓绝无仅有。当年在出版这本日记时，人们就是依据日记上记录的地名，描制出一张清晰的长征行军图。

另外，日记中有关新四军组建的记录；有关皖南事变及重建军部的记录；有关新四军对李长江、李明扬进行统战工作的记录；有关新四军部队组织编制、兵力部署；有关抗大五分校以及当时是如何贯彻执行党对知识分子的政策等等的内容，都是赖传珠留给后人的一份弥足珍贵的精神遗产。

四、日记留给后人的启迪

《赖传珠日记》全文60多万字，前后时间跨度近16年。这16年正是中国共产党领导中国革命，建立新中国的战争时期。在如火如荼的革命风暴里，在戎马倥偬的战斗间隙，能把部队的行军、作战情况几乎天天不漏地记录下来，这需要多大的毅力和决心。尤其是在长征那样艰苦卓绝的环境里，有时连自己的生命都朝不保夕，还要天天坚持写日记，这又需要何等的勇气，需要克服多么大的困难啊！

从这本珍贵的日记中，我们不难悟出一些做人做事的道理，那就是人生在世要有崇高的理想、远大的志向和积极的追求，要有为国家、为人民、为社会大众谋福利的勇气和决心。不论自己身在何地，身处何位，做什么工作，干什么事，都要学习老一辈无产阶级革命家的那种立志报国，不怕困难，敢于斗争，争取胜利的高贵品格。诚信为人，踏实做事，这样我们一样能够在和平年代，在平凡的岗位上干出一番不平凡的事业！

（张树忠）

N4A 新四軍纪念館

第二部分

历史事件场景篇

新四军从这里起步

1937年11月，位于中原腹地的武汉，已是秋风瑟瑟，寒意袭人。大街上满地是法式梧桐枯黄的落叶，一名肤色黝黑、身形瘦弱的黄包车夫吃力地拉着车，车上坐着一位头戴礼帽、身材健硕、目光炯炯的中年男子。男子凝视着大街上来去匆匆的行人，表情显得更加凝重。车子在日租界太和街26号门前停下，男子跳下车，仔细地打量着眼前的这幢日式二层小洋楼……

这位中年男子是谁，为什么在这兵荒马乱的时候来到这里，他在寻找什么，还是想在这里干点什么？事情还得从一个人说起。

1937年7月，卢沟桥事变爆发，日本军国主义发动了全面侵华战争。事变第二天，中共中央向全国发出通电，指出："平津危急！华北危急！中华民族危急！只有全民族实行抗战，才是我们的出路！"呼吁国共两党合作抗日。7月15日，中共中央派周恩来等到庐山，向蒋介石提交《中共中央为公布国共合作宣言》，表示在和平统一团结御侮的基础上，与国民党共赴国难。7月17日，蒋介石在庐山发表谈话，表示准备抗战："如果战端一开，那就是地无分南北，年无分老幼，无论何人，皆有守土抗战之责任，皆应抱定牺牲之一切决心。"8月13日，日军向上海发动进攻，侵华战争急剧升级，日本灭亡中国的野心也昭然若揭。由于日军对上海的进攻直接威胁着国民党政权的政治经济中心，也损害了英、美等国的在华利益，于是在国际舆论和全国人民一致要求抗日的怒潮声中，国民政府发表了

《自卫抗战声明书》。蒋介石一面调集精锐部队进行淞沪保卫战；一面同意将陕甘宁地区红军改编为国民革命军第八路军，将南方八省（琼崖地区除外）红军游击队改编为国民革命军新编第四军。

当年9月，国共两党在八路军的军事指挥和改编规模等问题上达成一致意见，但在新四军的军长人选问题上产生了分歧：蒋介石企图派一名国民党将领来指挥新四军，共产党则坚持南方八省游击队本来就属共产党领导下的工农红军，理应由延安来确定军长人选。后经中共谈判代表周恩来、秦邦宪、叶剑英等多次交涉，最终国民党同意选一位既懂军事又有威望的中间派人士出任新四军军长。

这个“中间派人士”就是本文开头一幕中出现在汉口太和街26号的那位中年男子——北伐时期的名将叶挺。

叶挺，广东惠阳人，毕业于保定陆军军官学校，早年追随孙中山革命。1924年在苏联留学期间加入共产党。1925年回国担任国民革命军第四军独立团团长。北伐战争中，他率领独立团斩关夺隘，屡建奇功，为第四军赢得了“铁军”的称号。大革命失败后，他率部参加南昌、广州两次武装起义。起义失败后遭国民党通缉，随后又在我们党内受到错误清算，因而愤然退党，出走国外。1936年夏回国，暂住上海，这期间与国民党方面的陈诚、张发奎、黄琪翔等人多有来往，与我党方面潘汉年也保持联系。当国共双方都向叶挺表示欲请其出山，担任新四军军长时，叶挺激动落泪，满腔的报国热情终于又有了施展的机会。

1937年9月28日，国民政府军事委员会铨叙厅发出通报：经委员长核定，任命叶挺为新编第四军军长，随后共产党又约请叶挺赴延安具体商谈新四军的组建问题。毛泽东亲自接见了这位北伐名将，双方详细讨论了新四军组建的各项细节问题，毛泽东指示：“新四军可先在汉口组建，在南昌、福州设办事处。”据此，叶挺匆忙赶往汉口。

汉口太和街26号，这座日租界的两层楼房，本已因日本人的撤离而冷冷清清，现在随着新主人的到来而变得热闹起来。自从新四军筹备处的牌子挂出后，陆续有叶挺的故旧、亲属们前来参加新四军，他们当中有北伐时期担任过国民革命军第三军政治部主任、以后任新四军战地服务团团长的朱克靖；有叶挺在第四军独立团时的老部下、擅长文墨的吴振邦；有叶挺的胞弟，后担任新四军军需处处长的叶辅平；还有他的侄子叶育青、叶钦和等等，他们在叶挺的领导下，四处奔走，招兵买马，筹枪筹款，展开了紧张的筹建工作。

当年12月，我党又由延安先后派出副军长项英、参谋处处长赖传珠、副参谋长周子昆等大批新四军干部抵达汉口。至此，叶挺率领的先期干部和项英率领的后期抵达的干部合编在一起，共同开展有关军需物资、医疗设备等各方面的交涉联络工作。

在新四军汉口组建的初期，由于军务繁杂，百事待举，当时身在汉口的中共代表团（对内称中共中央长江局）负责人王明、周恩来、董必武和叶剑英等同志，帮助叶挺和项英为新四军的建立出谋划策，为解决新四军的编制、经费、干部任命等问题，与国民党方面进行了多方交涉和积极争取。1月初，何应钦以军政部长的名义发出通知，批准新四军编为“第一、二、三、四共四个支队”，陈毅、张鼎丞、张云逸、高敬亭分任第一、二、三、四支队司令；经费方面，每月拨付10万元。至此，新四军在汉口的组建任务基本完成。

叶挺、项英、曾山、周子昆、张云逸在军部合影

1937年11月上旬，山西太原失

汉口军部

守，中共中央决定新四军军部移驻南昌。为此，叶挺、项英等于1938年1月3日乘坐"招商江裕"号轮率部东下南昌。1月28日，《新华日报》刊登启事，新四军移驻南昌，前汉口太和街26号军部即行结束。

至此，汉口太和街26号完成了它特殊的历史使命，重新归于平静。新四军在汉口筹建的时间虽然只有几个月，但其意义却非常重大，一支新的抗日铁流从这里汇聚、成长、壮大。到1945年抗战结束时，新四军已由建军时的1万余人发展成为一支拥有近31万人的主力部队，成为华中敌后抗日的中流砥柱。八年抗战中新四军共歼灭日伪军40余万人，建立了20万平方公里的华中解放区，为中国抗日战争最终胜利，建立了不朽的功勋。

如今的汉口太和街26号，已按原貌建起了一座革命纪念馆，每年接待数十万中外游客前来参观。汉口太和街26号正以其独特的历史内涵，继续教育和影响着一代又一代中华儿女。

（张树忠）

喋血皖南千古冤

上个世纪的40年代初，国民党军与新四军在安徽皖南地区的一场阋墙血战，成为中国抗战史上的千古奇冤。

1941年1月4日晚，寒风彻骨。新四军9 000余人，以放弃皖南作为换取国民党军停止向华中新四军大举进攻的条件，踏上了艰难而悲壮的北移征程。1月6日下午，国民党集中在皖南七个师的约八万之众张开袋口，准备吞没这支组建不久、人少枪孬的华中抗日队伍。次日凌晨，国民党军第四十师师长方日英在“新四军真的来了，我还怕他们不来了呢！”的狂叫声中，收紧了包围圈，于是一场由蒋介石策划制造的同室操戈拉开了惨烈的序幕。就在新四军北移部队受阻、战况瞬息万变的情况下，已在苏北盐城的华中新四军、八路军总指挥部，成为延安

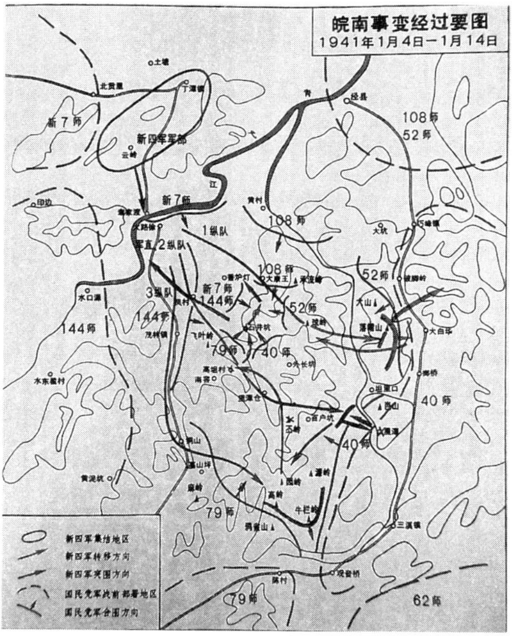

皖南事变地图

与皖南联系的纽带，刘少奇、陈毅即在盐城担任起向皖南传达中央指示、向中央汇报皖南事态发展的代言人。

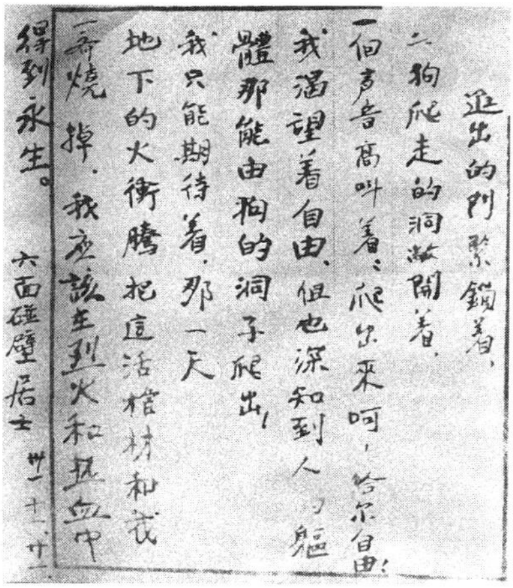
进出的门紧锁着，
狗爬走的洞敞开着，
一个声音高叫着：爬出来呵，给尔自由！
我渴望着自由，但也深知到人的躯
体那能由狗的洞子爬出！
我只能期待着，那一天
地下的火冲腾，把这活棺材和我
一齐烧掉，我应该在烈火和热血中
得到永生。
六面碰壁居士 卅一 十一 廿一

叶挺在被囚期间写下的《囚歌》

1月8日，国民党顽军上官云相发出了“务必于9日中午以前，将新四军聚歼茂林地区”的全线攻击命令，并传蒋介石手令：“活捉叶挺10万元，活捉项英、袁国平5万元。”10日晚，新四军在皖南的弹丸之地已被国民党几个师的兵力紧紧包围着。新四军占据的石井坑等阵地也已遭到顽军炮火的犁耕，所有的掩体大多已被夷为平地。11日，皖南新四军已在突围战斗中死伤过半。严峻的事态紧紧地揪着刘少奇、陈毅等人的心。就在这天上午，华中日军出动飞机，轰炸设在盐城文庙的华中新四军、八路军总指挥部。当日下午，刘少奇收到叶挺“固守一拼，拼一死以赎其过”的电报。他建议中央迅速向蒋介石、顾祝同交涉，期望国民党当局以全民抗战为大局，给被围攻的新四军将士以北移的方便，并希望苏北能有所行动以为声援。面对皖南新四军将士们的拼死突围，刘少奇萌发韩德勤是蒋介石的嫡系，如果将他包围，摆开进攻态势，有可能逼使蒋介石在皖南的军事行动有所收敛的设想；陈毅也提出建议，希望中央命令八路军第一一五师所部把山东沈鸿烈也包围起来，加重交换的筹码，逼迫蒋介石慎重考虑皖南局势。然而，无论是刘少奇、陈毅提出“围魏救赵”的设想，还是中共方面作出多大的努力，都未能阻止皖南事变惨局的发生。至1941年1月14日，皖南新四军将士经过8个昼夜的突围战斗，终因寡不敌众，除两千人突出重围，大部被俘、牺牲。新四军军长叶挺奉命下山同国民党军谈判被扣，政治部主任袁国平牺牲，副军长项英、参谋长周子昆

宋慶齡等聯名電蔣
制止內戰

等人下落不明……

震惊中外的皖南事变发生后，使整个华中抗日受到严重的影响。刘少奇、陈毅经过审慎分析后认为，鉴于皖南事变所形成的后果，“围魏救赵”的军事行动已失去挽救皖南新四军的作用。因此，建议中共的对策应在政治上对国民党的阴谋进行全面揭露，在军事上除个别地区外则应避免全面冲突。不久，中央采纳了刘少奇等同志提出的建议，将战略调整为“在政治上全面反攻，在军事上局部反攻”。皖南事变后，重庆《新华日报》发表周恩来为皖南事变殉难者的题词：“千古奇冤，江南一叶。同室操戈，相煎何急！”延安《新中华报》刊登宋庆龄等联名致蒋介石要求停止内战的通电。已在苏北的新四军请战之声不绝于耳，有的甚至咬破手指用鲜血书写请战书，纷纷要求为皖南死难烈士报仇雪恨。

面对群情激愤的新四军、八路军将士，刘少奇在1月15日作了《关于皖南事变的报告》。在报告中刘少奇向社会各界郑重声明：皖南新四军完全是“遵命北移”，并在北移前向皖南人民、地方政府办理了一切交接手续。同时向各界揭露国民党反共顽固派的目的，“就是想利用我军北移的机会，借敌寇之手在路上袭击消灭我

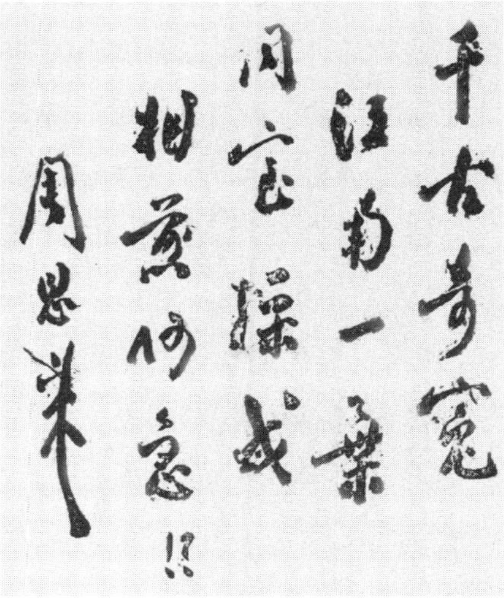

1941年1月18日，重庆《新华日报》发表周恩来为皖南事变的题词。

军，或者反共顽固派自己指挥军队在路上消灭我们”。在报告中刘少奇还指出：三年以来，新四军进行了最英勇的敌后抗战，无数次地打击敌寇，曾受到中央政府及蒋委员长50多次的嘉奖。新四军成为中国抗战军队中最得力、最英勇、最坚决、最有功劳的部队！针对皖南事变的恶果，刘少奇沉痛地说：“苏北的新四军将士要抑止愤怒，平心静气地处理问题。虽然有许多同志向我要求对国民党、对反共顽固派实行报复手段，并有各种强烈的提议，我不能说你们这些提议不对，我只要求同志们在最危急的时候，能顾全大局，能遵守党的纪律，不轻举妄动，不自由行动……”刘少奇还强调：“目前我们应牢记皖南事变血的教训，将皖南事变残暴的情况永远记在你们的心头，加强你们的毅力，加强你们的努力！”在这次报告的第三天，刘少奇思考着这样一个问题：新四军在皖南事变的这场千古奇冤中遭受了惨重的损失，新四军这支队伍要不要重新组建？新四军这面旗帜要不要再次树起？

经过反复的思考，刘少奇以深邃的战略思想和驾驭时局的过人胆识，向中共中央提出了“拟在苏北成立新四军军部，并以陈毅代军长”的建议。1月20日，毛泽东亲自草拟重建新四军军部的命令，并以中央军委的名义正式发布。命令电传盐城后，刘少奇、陈毅等于当晚召开华中总指挥部所属机关干部会议，传达了党中央的这一重要决定。在这天晚上的会议上，参会人员义愤填膺，纷纷摘去青天白日的帽徽，坚决拥护中国共产党中央军事委员会重建军部的决定；在这天晚上

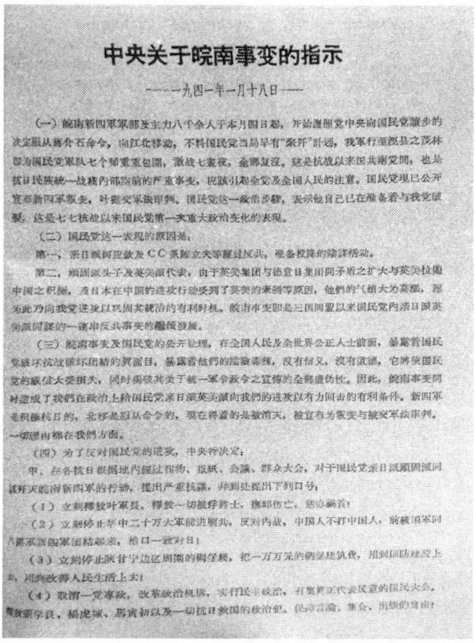

中央关于皖南事变的指示

——一九四一年一月十八日——

（一）皖南新四军军部及主力八千余人于本月四日起，开始遵照党中央向国民党让步的决定服从蒋介石命令，向江北移动，不料国民党当局早有“聚歼”计划，我军行至泾县之茂林地区为国民党军队七个师重重包围，激战七昼夜，全部覆没。这是抗战以来国共两党间，也是抗日民族统一战线内部空前的严重事变，应该引起全党及全国人民的注意。国民党现已公开宣布新四军叛变，叶挺交军法审判。国民党这一严重步骤，表示他自己已在准备着与我党破裂，这是七七抗战以来国民党第一次重大政治变化的表现。

（二）国民党这一表现的原因是：

第一、亲日派何应钦及CC系陈立夫等积极反共，准备投降的阴谋活动。

第二、顽固派头子及英美派代表，由于英美集团与德意日集团间矛盾之扩大与英美拉拢中国之积极，及日本在中国的进攻行动受到了英美的牵制等原因，他们的气焰大为高涨，认为此乃向我党进攻以巩固其统治的有利时机。皖南事变即是三国同盟以来国民党内亲日派英美派同谋的一连串反共事变的继续发展。

（三）皖南事变及国民党的公开处理，在全国人民及全世界公正人士前面，暴露着国民党破坏抗战破坏团结的真面目，暴露着他们的阴险毒辣，没有信义，没有道德，它将使国民党的威信大受损失，同时揭破其关于统一军令政令之宣传的全部虚伪性。因此，皖南事变同时造成了我们在政治上给国民党亲日派英美派向我们的进攻以有力回击的有利条件。新四军是积极抗日的，北移是服从命令的，现在得着的是被消灭，被宣布为叛变与被交军法审判。一切理由都在我们方面。

（四）为了反对国民党的进攻，中央特决定：

甲、在各抗日根据地内经过刊物、报纸、会议、群众大会，对于国民党亲日派顽固派同谋歼灭皖南新四军的行动，提出严重抗议，并到处提出下列口号：

（1）立刻释放叶军长，释放一切被俘将士，抚恤伤亡，[illegible]！

（2）立刻停止华中二十万大军的进剿共，反对内战，中国人不打中国人，前线国军同八路军新四军团结起来，枪口一致对日！

（3）立刻停止陕甘宁边区周围的封锁线，把一万万元的封锁费，用到国防建设上去，用到改善人民生活上去！

（4）取消一党专政，改革政治机构，实行民主政治，召集真正代表民意的国民大会。释放张学良、杨虎城、马寅初以及一切抗日救国的政治犯，保障言论，集会，出版的自由！

《中央关于皖南事变的指示》

皖南事变激战地之三——石井坑

的会议上，一直以胡服名义对外的刘少奇，第一次公开了自己的真实姓名。

5天后，新四军在皖南事变的剧痛中重新崛起！新四军的旗帜自此在华中抗日根据地重新飘扬起来。

（陈宗彪　杨勇）

丰碑永铸狮子口

盐城因盐置县，因盐得名。据史书记载，盐城在历史上曾是邻近大海的一个海边炼盐场所，当时的海边有一条自南向北蜿蜒数百里的淡水河，这条河的沿线共有10多个相对集中的炼盐场所，俗称“场”。时间久了，当地人将“河”与“场”相串，取名“串场河”。

在串场河畔众多的盐场中，有一个叫“白驹场”（即现在的大丰市白驹镇）的地方。多少年来，这座场一直静静地躺在串场河的怀抱中，安逸地享受着日复一日的农耕生活。人们日出而作，日落而息，鸡犬相闻，展现了一片静美的苏北农村田园风光。然而，安逸的时光总不会遂人所愿地长久存在。当时间进入到19世纪40年代，白驹场，这座曾经安逸的苏北小镇，因伟大的抗日战争中的一次“两军会师”而记载史册。

说起发生在白驹场的两军会师，还得从1939年说起。当年4月21日，中共中央在《关于发展华中武装力量的指示》中指出：华中在战略上是联系华北与华南的枢纽，华中是我党发展武装力量的主要区域。为落实这一指示精神，当时主要集中在苏南和皖南一带发展的新四军决定派陈毅和粟裕率部从苏南越过长江，快速向苏北发展。中共中央为配合陈毅部的这一战略行为，电令八路军黄克诚部从山东南下，向苏北挺进。

陈毅部在向苏北发展的过程中，遇到了国民党顽固派韩德勤部的百般阻挠。韩德勤自以为在军事上占优势，狂妄地叫嚣要先消灭北上的新四军，再消灭南下的八路军。

1940年10月上旬，韩德勤调集3.5万人，兵分三路向黄桥大举进攻。当时新四军苏北指挥部总兵力只有7 000人，双方兵力对比悬殊，形势十分严峻。但陈毅、粟裕运筹帷幄，冷静指挥，全体指战员齐心协力，经三昼夜浴血奋战，获得以少胜多的黄桥战役的重大胜利。

黄桥决战胜利后，陈毅、粟裕命令部队乘胜追击北逃的韩部，先遣部队于10月7日到达海安，8日下午进驻东台，9日部队奉命进驻白驹，迎接南下的八路军。

当黄桥决战正酣时，中共中央向八路军黄克诚部发出指示：速率你部主力向盐城挺进，增援陈毅。10月4日至6日，部队连续突破韩德勤在盐河、旧黄河两道防线到达刘庄。两军南北相向前进，10月10日，在白驹场的狮子口桥胜利会师。

两军会师标志着中共中央关于“开辟苏北，发展华中”的战略目标得以实现。由于华中地处南北交通枢纽（北连山东、南接华南、东靠大海、西连中原），因此，华中抗日根据地的开辟，把共产党领导下的全国多个抗日根据地连成一片，打开了抗日斗争的新局面；同时也挫败了国民党顽固派把八路军封锁在华北，新四军封锁在江南，两边分化并最终消灭的企图。两军会师，不但谱写了华中抗日斗争的新篇章，而且为“皖南事变”后重建和发展新四军创造了条件，也对整个中华民族的抗战事业，作出了不可磨灭的贡献。陈毅欣闻两军胜利会师，诗兴大发，留下“十年征战几人回，又见同侪并马归；江淮河

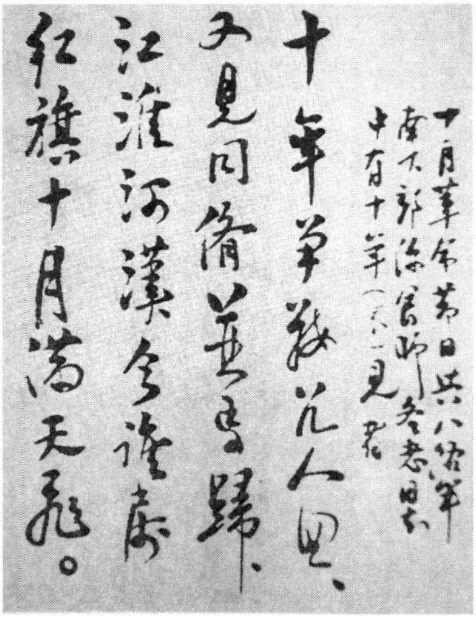

陈毅诗稿手迹

汉今谁属，红旗十月满天飞”的诗坛佳作。

两军会师时领导人合影，图为黄克诚（中）、韩振纪（左1）、张爱萍（左4）等。

上世纪的80年代，盐城市人民政府为了纪念新四军和八路军胜利会师白驹狮子口这一重大历史事件，决定在当年两军会师的原址修建一座碑，供人们瞻仰和纪念。1986年6月8日，纪念碑正式落成。

这是一座颇具中国传统园林风格的纪念碑，碑园区呈正方形，占地1600平方米，由碑身、碑基及其附属设施、绿化三部分组成。碑的主体由白色花岗岩砌成，碑高22.6米，远远望去像一根坚不可摧的参天石柱，直插云霄。碑身的最上部是一幅镰刀和斧头组成的红色图案，两侧分别是新四军和八路军的徽章，寓意党的领导是两军胜利会师的保证；碑身正面朝西，上刻新四军第三师副师长，新中国成立后曾任国务委员兼国防部长的张爱萍将军亲笔题写的“八路军、新四军白驹狮子口会师纪念碑”碑名。碑的基座长20米、宽20米，全部由石材铺成，坚固雄浑，寓意革命事业坚不可摧；碑基的四周由雕花镂空的石柱和浮雕组成，寓意革命事业欣欣向荣，前程似锦。碑的背面铭刻着碑文，全文如下：

一九四零年七月，新四军奉命渡江，开辟苏北。在取得黄桥决战胜利后，继续挥师北上。与此同时，八路军黄克诚部从淮海地区南下。一九四零年十月十日，新四军与八路军各一部在白驹狮子口胜利会师。

皖南事变后，新四军在盐城重建军部，在刘少奇政委和陈毅代

白驹两军会师纪念碑

军长的领导下，坚持华中敌后抗战，巩固和发展了华中抗日根据地，为中华民族的解放事业和东方反法西斯斗争的胜利，建立了不朽功勋。为继承先辈大业，创后世宏图，特立此碑，以资纪念。

今天，每到清明等节假日，就会有许多当地的群众、学生以及外地游客来到这里，瞻仰这座寄托着盐阜人民对新四军和八路军怀念之情的纪念碑。这是一座盐城人民心中不朽的丰碑，它将永远屹立在串场河畔，激励着一代又一代盐阜儿女为了党的事业，为了人民的利益，为了中华民族的伟大复兴而努力奋斗！

（张树忠）

凤凰涅槃鸣江淮，浴火重生战华中

——新四军重建军部纪事

1941年1月25日已是腊月二十九，寒风凛冽的苏北抗日中心盐城，城中的游艺园里人声鼎沸，热闹非凡，新四军将士和盐城各界代表1 000多人汇集在这里，举行庆祝新四军重建军部大会。各界人士赠送的“义旗高举”、“指挥若定”、“反对内战”等彩旗挂满了会场两侧，人们高呼口号，群情激昂。

在二十天前的皖南事变中，叶挺、项英带领的新四军军部及所属部队9 000多人遭到国民党反动派约8万人的伏击，奋战七昼夜，弹尽粮绝，除了2 000余人突围外均被俘或牺牲。周恩来在《新华日报》上愤然写下了“千古奇冤，江南一叶。同室操戈，相煎何急？”痛斥国民党的内战罪行，为死难烈士痛悼申冤。1月17日，皖南枪声稍稀，国民党就急不可耐地通过其军事委员会发布通令诬称新四军“叛变”，宣布撤销新四军番号。烈士的鲜血激起抗日军民更顽强的斗志，1月20日，中共中央军委发布毛泽东同志亲自起草的命令，任命陈毅为代军长、张云逸为副军长、刘少奇为政委、赖传珠为参谋长、邓

重建军部旧址——泰山庙（大殿）

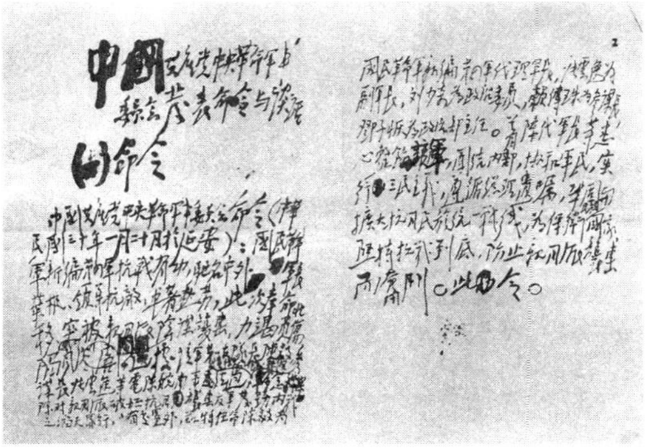

1941年1月20日，毛泽东亲笔起草新四军重建军部的命令。

子恢为政治部主任。

25日，参谋长赖传珠宣布庆祝新四军重建军部大会开始后，作曲家何士德指挥全场军民高唱新四军军歌："东进！东进！我们是铁的新四军！"大会气氛热烈而庄重。刘少奇政委在大会上宣读了中共中央军委关于重建军部的命令，正式宣布新四军军部成立。他手里拿着烟斗，痛斥国民党顽固派的反共罪行，他说："新四军是真正抗战的力量，是人民的军队，是根植在人民之中的。敌人的阴谋诡计虽然给我们造成一时的损失，但想消灭我们却是痴心妄想。我们是越打越强，我们会最后胜利的。"他在讲话中号召全军将士坚决执行党的抗日民族统一战线政策，服从中共中央领导，作好准备，随时准备粉碎亲日顽固派的任何阴谋，誓将抗战进行到底。

代军长陈毅将军用浓重的四川话发表了铿锵有力的就职演讲，他说："今天新四军军部的恢复是直接有利于国家民族的前途。这不仅是兄弟个人，刘政委、张副军长、邓主任、赖参谋长几个人在这里就职的问题，而是全国抗战中的一件大事。""反共顽固派1月14号消灭了军部，但

新四軍重建軍部
陳代軍長發表就職通電
絕不因奸類之悖行放棄救國職責
急盼全國抗戰軍民共同團結奮鬥
本軍一息尚存斯志不容稍懈
企圖反共投降 實現中日"剿共"
今日重慶當局 已失中樞風度

就职通电

是1月25号我们的军部又成立了。”“新四军在安徽、湖北、江苏、河南仍继续存在，而且会更加发展和壮大，这是一定会使亲日派、反共派感到失望的。所以，我们今天的大会，有坚持抗战最大的政治意义。”“皖南事变我们有几千个指战员牺牲，但我们今天还有9万人的强大力量。”他号召大家：“我们要明白自己的责任，坚持抗战的大旗，坚持斗争下去，最后的胜利是我们的！”陈毅代军长的讲话一次次被热烈的掌声所打断，最后一次鼓掌长达3分钟。与会各界代表都踊跃发言祝贺新军部的成立，号召团结抗日，声讨国民党反动派罪行，为死难烈士报仇的口号声此起彼伏，整个会场沸腾了。会后，鲁艺师生还为到会军民演出了《惊弓之鸟》、《大别山头》、《皖南一家》等话剧。

新四军在盐城重建军部的消息飞快传遍大江南北，极大地鼓舞了全国抗日军民的斗志，标志着新四军经略华中、铁骑驰骋江淮河汉新局面的形成，为新四军的发展掀开了崭新的一页。重建后的新四军军部把华中的新四军和八路军整编为七个师，一个独立旅，加上军部特务团及抗大五分校全军共9万余人，在开展军事斗争的

重建军部旧址——泰山庙

同时开展政权建设、恢复经济、温暖民生和创新文化，成为华中抗日战场的中流砥柱，为中国抗日战争和世界反法西斯战争的胜利作出了重大贡献。从此，盐城成为了华中抗日根据地的指挥中心，享有“苏北延安”的美誉。

八年抗战，新四军毙、伤、俘日伪军近42万人，建立了地跨苏、浙、皖、鄂、豫五省的八块华中敌后抗日根据地，部队从组建时的1万多人发展到主力部队加地方武装近31万人，为坚持和发展华东人民革命斗争奠定了坚实的基础。

（铁春燕）

韦岗初战凯歌还

在新四军成军整训之初，中共中央对新四军的任务和行动方针作了一系列指示，要求新四军抓住日军会攻徐州、武汉，无力后顾之机，主动积极地深入敌后，在大江南北依靠人民群众，广泛开展游击战争。1938年2月15日，毛泽东致电项英、陈毅，指出："目前最有利于发展地区还在江苏境内的茅山山脉，即以溧阳、溧水为中心，向着南京、镇江、丹阳、金坛、宜兴、长兴、广德线上之敌作战，必能建立根据地，扩大四军基地。"军长叶挺、副军长项英遵照中央这一指示精神，决定从第一、第二、第三支队各抽调部分团以下干部和各支队侦察连共400余人，组成先遣支队。部队由第二支队副司令员粟裕率领，于1938年4月28日从皖南岩寺的潜口出发，日夜兼程，穿越日军数条封锁线，于5月19日顺利深入苏南敌后，进行战略侦察，为主力进入苏南敌后作准备。

美丽的江南已沦陷半年有余，鬼子逞凶、"二黄"扰民。日本侵略者在这里追杀中国百姓如同"追兔子一样，只要看见还会动的人，就开枪射击"，烧杀抢夺，无恶不作。而所谓的一些"游击队"，则是由地痞流氓或者逃兵组合成的乌合之众，匪中有兵、兵中有匪，专门欺负老百姓。先遣队进入江南后发现，江南百姓谈"日"色变，白天怕日寇，天黑怕打劫，已对抗战不抱希望。新四军先遣支队初到江南，在日、伪、匪等各种势力的缝隙里活动，其险恶情况可想而知。面对失望、寒心的老百姓，新四军需要做的就是尽快和日军打一仗，让江南民众了解新四军，重新鼓起抗战的信心。

进入江南的第一仗，可谓一举千钧，而且一定要打个胜仗以壮我军威，重振民心，那么在哪里打呢？司令部通过侦察，发现日军预备向武汉进攻，正不断地调兵遣将，日军的运输车队在南京至镇江的公路上频频出没。这一带是丘陵地带，非常适合打伏击战。指战员们经过一番讨论研究，认为韦岗距镇江10公里，与句容交界，附近群山峻岭，地形险要，便于埋伏，且没有日军据点，是伏击日军的好地方，于是先遣支队对日寇的第一战就确定在韦岗打响。

这样一场伏击战，对于身经百战的粟裕来说应该是习以为常，但他却多少有点陌生感，他手下那些“山大王”对这样的战斗更是既兴奋又紧张——毕竟他们没有在江南水网地区战斗过，甚至连汽车也没有打过。在布置作战任务的时候，战士们还七嘴八舌地讨论着“打汽车该朝哪儿打”、“对鬼子喊话怎么个喊法”。

兵贵神速，6月17日天还没亮，粟裕就带领着仔细挑选出来的精干人员悄悄进入了伏击地点。尽管大雨如注，但恶劣的天气无法阻挡英勇的战士们。首战告捷，是他们唯一的目标。就在战士们摩拳擦掌的时候，隐约传来了一阵阵汽车发动机的嗡嗡声。

8时左右，发现一辆日军汽车驶来，但因为侦察班机枪还没部署好，虽将日军汽车汽缸击穿，但汽车仍向前猛驶，致使该车敌人逃脱。8点20分，又一批日军车队出现了，先出现的是一辆黑色轿车，紧跟着四辆卡车。很快五辆汽车进入了伏击区。

韦岗战斗旧址

随着粟裕高喊一声“开火！”侦察连的机枪手一阵扫射，配合手榴弹一阵弹雨，为首的日军驾驶员瞬间被打成了筛子，敌车失控翻倒在地。后面的四辆汽车一辆接一辆地急刹车，等待着他们的是新四军密集的火力网。侵占江南多时的日寇对于新四军的伏击一点思想准备都没有，平时的他们哪怕三两个士兵，也可大摇大摆地到处走动。突如其来的攻击打得日寇一片混乱，“不可战胜的皇军”死的死、伤的伤，中弹的鬼子兵倒在地上挣扎打滚，场面甚是狼狈。

侵略者是训练有素的军人，自然不会束手就擒，看到自己被包围，鬼子兵们端起刺刀准备肉搏。但对于游击队员出身的先遣支队战士们来说，以少打多，以劣质武器对抗精良武器已是家常便饭，战士们最擅长的就是拼刺刀、白刃战。经过一个多小时的拼杀鏖战，负隅顽抗的日军全部被消灭，而我先遣支队无一伤亡。这次歼灭战，共计击毙日军土井少佐、梅泽大尉以下十三人，伤日军八人，击毁汽车四辆，缴获长短枪二十余支及军用品一部。据日本官方资料，这一拨日军属于野战重炮兵第五旅团，本来是准备前往武汉战场，为日本建立“帝国功勋”的，不料在半途便成了新四军的枪下鬼，被装成小盒子送回日本。

原本万无一失的运输车队在韦岗被全歼，在日军看来是不可想象的事情，待到日军的援兵赶来，粟裕早已带领先遣支队安全撤离伏击区。恼羞成怒的侵略者还以为江南开进了中国的大部队，于是出动了飞机坦克，还有十七卡车的士兵，准备大战一场，没想到连中国军队的影子都没看到，只得空手而归。

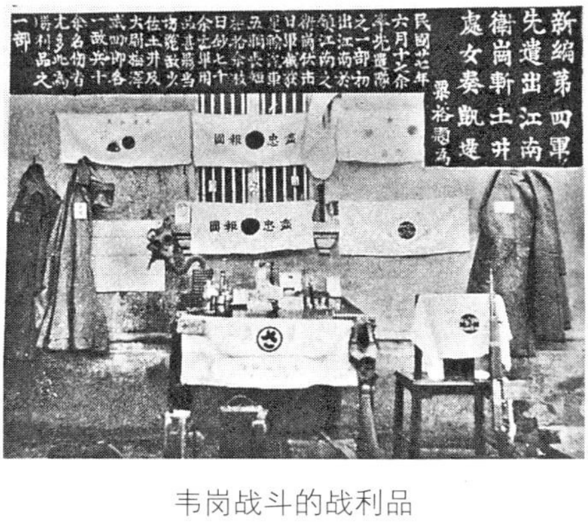

韦岗战斗的战利品

韦岗战斗虽然算不上一次规模很大的战斗，但这一仗如地震一般，在江南各界产生了巨大的影响。韦岗首战，旗开得胜，不仅击破了“日军不可战胜”的神话，令江南民心大振，同时也壮大了新四军的声誉，让

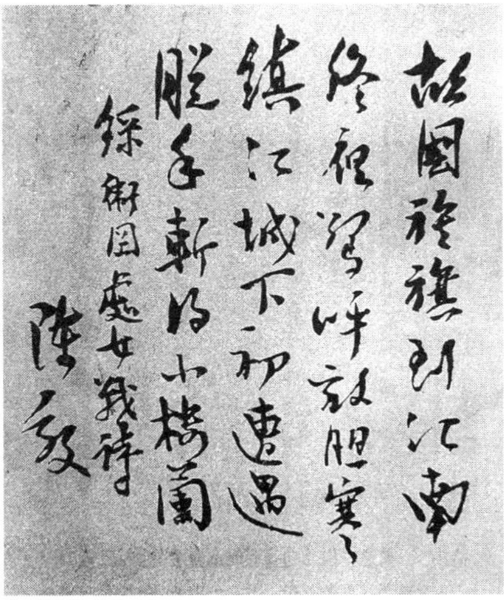

韦岗初战诗

老百姓更加了解、相信这一支救国救民的军队。“这一战斗的胜利，不仅奠定了我军进入江南战区的基础，而且开辟了胜利的先声。”陈毅接到捷报，激动兴奋之余，当即赋诗祝贺:

弯弓射日到江南，
终夜喧呼敌胆寒；
镇江城下初遭遇，
脱手斩得小楼兰。

（潘麟之）

盐阜区反“扫荡”的三次战斗

1942年年底至1943年冬，是苏北抗日战争最艰苦的阶段。侵华日军为加强其在中国占领区的控制，贯彻“以战养战”的策略以配合其太平洋战争，于1943年2月上旬，调集重兵2万余人，分4路由南向北、由西向东分进合击，对苏北盐阜区抗日民主根据地进行了春季大“扫荡”，妄图消灭新四军在盐阜区的主力部队。日寇铁蹄所到之处，血流成河，哀鸿遍野，侵略者的罪行，罄竹难书，擢发难数。

面对敌伪的疯狂进攻，我盐阜区军民万众一心，同仇敌忾，沉着应战。新四军三师师长黄克诚率领导机关跳出日军合围，组织指挥外线作战，掌握苏北反“扫荡”的全局；副师长张爱萍则统一指挥主力部队和地方武装力量坚持内线作战。在反“扫荡”战斗中，内线部队适时调整部署，集中优势力量痛击敌人；外线部队则不时向敌人后侧发起攻击，内外配合，打得日伪背腹受敌，顾此失彼。在日伪无心恋战，准备撤退时，我盐阜区军民以排山倒海的阵势和一往无前的英雄气概，向日伪发动了全面反击，先后攻克单家港、陈集、八滩等据点，消灭了大量日伪有生力量，于4月14日胜利结束了此次反“扫荡”斗争。今日笙歌处，当年血染红。发生在盐阜大地上的单家港战斗、陈集战斗和八滩战斗，无不是荡气回肠，可堪经典的光辉战例。

一、歼敌最多的单家港战斗

童世明

单家港战斗于3月19日进行，是盐阜区反“扫荡”斗争中歼敌最多的一次战斗。3月16日，准备前往黄营方向“扫荡”的日伪“清剿大队”被我新四军三师八旅二十二团猛烈伏击，死伤百余人，残部狼狈撤退。恼羞成怒的日寇决心报复，又纠集了五百余人，配备了汽车、骑兵，气势汹汹地进犯单家港，意在与我二十二团决一胜负。

单家港位于废黄河东岸，是一个百来户人家的村庄。3月19日上午9点多，敌人进占单家港对岸，派出小股兵力试图渡河侦察，被我军轻松全歼。但敌人不见棺材不落泪，企图强行渡河。敌军指挥官组织了百余人，在炮火的掩护下发起了冲锋。等敌人靠近我军阵地，副团长童世明一声令下，我军长枪短炮火力全开，孤军深入的日军猝不及防，丢下了60余具尸体仓皇逃窜。到了下午，敌人仍不甘心，在猛烈的炮火掩护下，发起了第二次冲锋。

好风凭借力，送敌上西天。时值东风劲吹，废黄河河道中黄沙四起，遮天蔽日的风沙缠住了日寇。我军抓住时机，组织全团兵力，配合20多挺机枪向敌军集中火力猛攻。当部分敌人冲入我军阵地时，迎接他们的是新四军战士们亮闪闪的刺刀。经过一番激烈的肉搏战，敌人伤亡惨重，余敌如兔子一般逃回对岸。

发狂的敌人在更为猛烈的炮火和烟雾弹的掩护下，组织了第三次冲锋。我二十二团战士顽强反击，坚守阵地，敌人始终无法逾越我阵地一步。狡猾的敌人见难以正面突破，便组织特务混进群众中，在单家港东庄放火鸣枪，制造混乱。鉴于已重创敌军，为了避免腹背受敌，与强敌拼消耗，我二十二团决定撤退转移。此次战斗毙伤日伪军240余人，大振了新四军的军威。但令人痛惜的是，身经百战、屡建战功的副团长童世明在指挥部队撤退时，不幸中弹，壮烈牺牲。悲痛的阜宁人民在单家港东侧修墓建碑，以告慰先烈，寄托哀思。黄克诚师长题写了碑文：

单家港

野漫荒烟埋忠骨，
斜阳芳草吊忠魂。

张爱萍副师长也致有挽联一副：

单港永留名，典籍流芳，扶墓碑追怀故旧。
黄河长流水，烽烟尚炽，闻幸鼓痛失忠良。

二、全歼敌人的陈集战斗

3月25日的陈集战斗是反“扫荡”斗争中最漂亮的一仗，全歼守敌日军中队长以下89人，并缴获日寇全部物资。当时的陈集是个约有200户居民的小镇，是盐阜区军政机关和阜宁县抗日民主政府所在地，可谓盐阜

陈集战斗画

区抗日根据地的政治、经济、文化中心。1943年日伪对我苏北大“扫荡”后期，日军三十五师团崖畅野中队在这里安扎据点，成为控制阜宁以西抗日根据地的中心支柱，对我苏北根据地造成了很大的威胁。

为了改变盐阜区敌我态势，争取战场主动权，新四军三师八旅和盐阜军分区决定集中优势兵力，全力拔除这颗盘踞在我根据地的“钉子”。副师长张爱萍为总指挥，任命三师八旅二十三团担任攻坚战的主攻，其余部队分担打援任务。因为敌人入侵陈集后，时间仓促，尚未构建起强固的防御工事，于是趁着日寇立足未稳，夜间警戒相对薄弱，我军便制定了夜间攻击的作战计划。为了保障夜战的成功，百姓们都自觉地看护好自家的狗，并把据点周围的狗驱赶消灭干净，方便我军能顺利地接近敌人。

3月25日晚9时许，二十三团五个参战连队利用夜幕的掩护，悄悄地接近了陈集守敌的警戒线。10时，一营的一、三连从镇北，二连从镇西，二营五、六连从镇东，同时从三个方向发起了冲击。各连以迅雷不及掩耳之势，干净利落地突破了敌人的防线，并全歼了20余名仍在酣睡中的日军。五支联队如同五把尖刀，猛刺敌人心脏。经过数小时搏杀，敌人死伤过半。残敌在混乱中退守到陈集镇西的一个大院内负隅顽抗，并连续发出求援信号。这时，一连在敌人固守大院的北面，三连在东北面，五连、六连在东南和南面，二连和特务营在西面，把敌人团团包围起来。敌人组织了两次突围，都被我军击退；而我军虽有绝对优势兵力，但受到地形和武器装备的限制，暂时也难以全歼敌人。

为了尽快结束战斗，副师长张爱萍重新部署，决定从陈集的东南、西侧加紧攻击，迫使敌人向西北方向突围，将敌人消灭在运动之中。我军的攻击一浪高过一浪，配合火攻攻入院内，缴获了日军的重机枪，迫使敌人从西北角突围，转向阜宁方向逃窜。我军各分队冒雨紧追，追至东北围壕外，日寇中有四五人坚持不住，跪下举

陈集战斗中缴获的战利品

枪投降，但被我军追击的子弹击伤，剩余敌人被预设打援的部队痛击，激战半小时，全歼敌人。

三师在陈集召开追悼陈集战斗中牺牲的烈士大会

陈集战斗的胜利，大灭了敌人的士气，有力地遏制了日伪的伪化政策，鼓舞了盐阜人民反“扫荡”的斗志和决心，是敌后平原攻坚战与歼灭战的典范。为了纪念这次战斗，张爱萍副师长赋有七律一首：

风送春暖丹心融，月照铁马虎胆雄。
千村人迎频招手，百户犬卧抚怀中。
大圣扬威罗刹腹，小鬼跪降龟壳丛。
陈集歼敌首奏捷，全面反击战鼓隆。

三、最激烈的八滩战斗

反“扫荡”斗争中最激烈的一仗在八滩打响。八滩东临黄海，盛产海货、海盐和棉花，是阜宁的一个重要商埠，素有“金东坎，银八滩”的美名。在抗战时期，八滩是整个华中抗日战场的大后方，有着良好的群众基础。新四军的兵工厂、被服厂、后方医院都设在八滩，新四军三师师部也曾驻扎在此。

3月29日，日军刚占领东坎，便迫不及待地侵占八滩。日军一个中队和200余名伪军在八滩建立起了据点，妄图借此割裂滨海、阜东两根据地的联系，钳制新四军的抗日活动，巩固占领区，掠夺棉花、食盐等战略物资，以配合其大“扫荡”。

敌人白天来强占，我们当晚就赶跑他，三师师部所在地离八滩很近，卧榻之侧岂容他人鼾睡！当天下午，二十四团接到黄克诚师长电令，要求我军趁敌人立足未稳，先下手为强，狠狠地教训一下敌人，消灭这股侵略者。

团长谢振华和部队指战员制定了详细的作战方案，三师参谋长洪学智亲临战场指挥战斗。30日，天色一黑，我军便开始行动，作战部队一部向八滩进发，包围敌人，同时分兵一部，负责阻击东坎援敌。当夜九点半，随着一颗红色信号弹划破夜空，英勇的战士们展开了对八滩之敌的攻击。二营由南向北进攻，一进入战场就很快与鬼子交上了火。经过一番恶战，二营从王家桥西北角突破敌人据点大院，炸毁了敌人的电台，失去通讯工具的日军只得放出信鸽向外求援。一营则由西往东，歼灭了给侵略者卖命的伪军，在迅速

八滩王桥战斗中被击毙的日军山本中队长

结束战斗后又立刻接近日军据点两侧，并展开了猛烈的攻击。

日军眼见被包围，一部由敌中队长山本率领向南突围，另一部向东北方向突围，均被我军火力迎头痛击，伤亡惨重，狼狈逃回据点。敌人突围无果，只好凭着装备优势做顽抗。经过四个多小时的鏖战，尽管敌人由三个大院被我军压缩至一个大院，但敌人以照明弹配合轻重机枪集火攻击，致使我军伤亡很大。团指挥部为了尽快攻破敌军，减少伤亡，决定实施火攻。此招一出，熊熊燃烧的火焰迅速蔓延开来，本来固若金汤的据点瞬间变成了热浪撩人的火炉，日寇最后的逃生希望也破灭了。但凡想拼命逃出的鬼子，一露头就被我机枪撂倒。遭到灭顶之灾的日军突围不得，退守不得，只能窝在火光冲天的据点里发出阵阵绝望的哀嚎。

我军围攻至拂晓，日军的飞机前来参战，东坎的援敌也向八滩猛扑过来。此时残存的十几名日军趁着混乱，推倒围墙，从二营和师部特务营结合部向东坎方向逃窜。二十四团的战士们虽然紧追不舍，但逃跑的敌人还是侥幸被其援敌接走，至此八滩据点攻克收复。

“八滩相持用火攻，指挥如意笑谈中。”八滩战斗以击毙日军山本中队长以下50余人，歼灭一个伪军大队宣告胜利结束。这次战斗有力杀伤了敌军，狠狠打击了侵略者的嚣张气焰，不久后东坎的日军也慌忙撤退，对巩固和发展盐阜乃至华中抗日根据地具有重要的战略意义。反日伪大“扫荡”胜利结束后，当地士绅、群众这样评价这三场战斗：

单港首战，猛如乳虎，斩将搴旗，光辉千古。陈集继作，制胜出奇，聚敌歼灭，靡有孑遗。八滩虽微，地居孔道，扼我咽喉，浴血申讨。凡滋三役，烈烈轰轰，夺敌之气，成我之功。

（潘麟之）

永远的“刘老庄”

在新四军的众多战斗中，刘老庄战斗并不算太大，但在这一仗中，三师七旅十九团四连八十二位指战员所表现出的不怕牺牲的崇高精神、英勇顽强的战斗作风和大无畏的英雄气概，永载我军光辉史册，被朱德同志誉为“我军英雄主义的最高体现”。直到今天，中国人民解放军被称为“铁军”的部队中，依旧保留着“刘老庄连”的建制，每年征兵，部队仍到刘老庄挑选适龄青年参军。

刘老庄，是江苏省淮阴一个普通的小村子，距离县城50多公里。1943年，日军侦察到我淮海区党委领导机关驻扎在刘老庄一带，于3月18日凌晨纠集1 000多人分路合击刘老庄。为掩护当地老百姓和驻扎在刘老庄附近的淮海区党委领导机关撤离，多日作战、途经刘老庄宿营的三师十九团二营，决定留下四连八十二名指战员在刘老庄阻击敌军。

刘老庄八十二烈士陵园

四连是一支作战经验丰富，可打硬仗的部队，历经战斗洗礼。连长白思才16岁就参加红军，先后经历过长征和平型关大战；指导员李云鹏，1936年就参加抗日救亡活动，后被选送延安抗大学习，曾任一一五师文化教员。

为了不给百姓带来损失，四连官兵主动撤至村外，利用村外的交通沟作为作战壕沟阻击敌人。交通沟又称“抗日沟”，是苏北根据地的一种交通通道，有大半人深，连在各村之间，便于情报传递和物资运输。以抗日沟作为作战工事，既可阻击敌人，又便于撤退。

战斗打响了，这是一场敌我力量悬殊很大的恶仗，我四连官兵仅有82人，敌我兵力之比近20：1，而且敌方装备精良，备有大小炮、掷弹筒百余门（具）。面对强敌，四连指战员毫不畏缩，集中火力向敌人猛烈射击，敌人被打得晕头转向，仓皇后撤。但狡猾的敌人很快发现，刘老庄新四军并不多，于是重新部署，用一个更大的合围圈将四连包围。四连官兵迅速沿着抗日沟转移，突然发现前方抗日沟断头，这时敌人步步逼近，四连无法撤出，顿时陷入重围。白连长和指导员决定坚守阵地，战士们誓言，愿以生命让敌人付出血的代价，换取淮海区领导机关和老百姓的安全转移。

9时左右，凶恶的敌人发起了第一次冲锋，日军一批又一批地向阵地涌来。四连的轻重机枪、步枪、手榴弹，组成了一道密集的火力网，死死地挡住了进攻的日军。接着的第二次、第三次冲锋均被四连官兵击退。我方的弹药越来越少了，为取得弹药补给，一排长尉庆忠主动带领突击小组爬出交通沟，冒着日军的枪林弹雨，从阵地前沿的日军尸体上抢回了一批枪支弹药，可尉排长在撤回途中却不幸牺牲了。敌人见三次冲锋都被战士们击退，丧心病狂地集中炮火，将我军筑起的简易工事全部击毁，将刘老庄的地面炙得滚烫。阵地上硝烟弥漫着，大地震动着，炮弹肆虐着袭向我四连的官兵们。

白连长被炸断了一只手，昏迷过去，指导员也多处受伤，几乎成了血人，战士们有的断了腿，有的伤了胳膊，有的都无法看清是

刘老庄烈士墓

哪里受伤，全身都是血，有的被尘土完全覆住。苏醒过来的白连长和指导员察看了连队的情况：经过一天的战斗，全连只剩下不到一半人了。战士们滴水未进，浓浓的硝烟中，喉咙干得冒火，眼睛熏得通红，鼻子也被呛出了血，却依然坚守着阵地，以钢铁般的意志、满腔的仇恨支撑着受伤的身体，修复被炮火摧毁的掩体，加深被尘土填平的抗日沟。

傍晚时分，炮声渐停，阵地前死寂一片，大家知道，恶战就要来临！这时，子弹已剩下不多，白连长下令把余下的子弹集中给重机枪和轻机枪使用，其余的步枪全部拆散，安上刺刀，准备和敌人展开肉搏战。决战开始了，连长一声令下，机枪愤怒的火舌卷着呼啸的子弹飞向敌群。子弹打完了，面对着越来越近的敌人，连长、指导员一声大吼："同志们，冲啊！杀——！"战士们端着上了刺刀的枪，冲出战壕……

枪炮声渐渐停息，夕阳如残血般映照着刘老庄的战场。四连的阵地前，横七竖八地躺满日寇的尸体，四连的82位勇士血染疆场，全部壮烈牺牲，他们的遗骸，依然保持着战斗的姿势。这场战斗，四连以全连82位指战员牺牲为代价，换取了淮海区党政机关和老百姓的安全转移，歼灭日军170余人，极大地震慑了日军。

黄克诚为刘老庄烈士题词

当地老百姓含泪掩埋了烈士的遗体，选送了82名青年，重新组建了二营四连，新四军三师党委决定命名为“刘老庄连”。刘老庄八十二烈士的英雄事迹被广为传颂，英雄们所体现出的崇高精神更是代代相传，成为当代军人的军魂之一。

胡锦涛同志在中国人民抗日战争暨世界反法西斯战争胜利60周年纪念大会上，给予刘老庄连最高的褒扬。“八路军‘狼牙山五壮士’、新四军‘刘老庄连’、东北抗联八位女战士——众多英雄群体，就是中国人民不畏强暴、英勇抗争的杰出代表。”

（周振华）

火烧竹篱笆

1941年年初，日军中国派遣军总司令部就确定了以长江下游为起点，逐次推行“清乡”的方案；汪精卫伪国民政府也将其定为国策。同年3月，成立了“清乡”委员会，汪精卫自任委员长，日伪从1941年7月开始了对我苏南抗日根据地的“清乡”活动。原活动在这一区域的新四军第六师第十八旅奉命撤出苏南，进入苏中第一分区。汪伪政权见状，以为“清乡”活动取得了“胜利”，于是变本加厉地向苏中根据地推行“清乡”，并首选对日伪威胁最大的第四分区，作为“苏北第一期‘清乡’实验区”。1943年4月，日伪为了配合“军事清乡”，沿着“清乡”区的边沿，构筑起了数百公里的竹篱笆封锁线。

遥遥数百里竹篱笆，是由从江南运来的500多万根毛竹筑成，如此劳民伤财，浪费了大量的人力物力自不必说。敌人视竹篱笆为“清乡”的法宝，不仅派了伪军二十二师保护，还沿线设置了100多个大、小检问所，配备了450多名所谓“训练有素”的检问人员。日伪妄图依靠这道封锁线，将我第四分区和其他地区割裂开来，

竹篱笆旁的检问所

在“清乡”区内彻底消灭新四军，肃清一切抗日力量，建立起彻底的伪化统治。

行人在竹篱笆前受盘查

竹篱笆，梅花桩。这条害人的竹篱笆不仅使新四军的活动受到了限制，物资输送受到阻碍，同时也给苏中百姓带来了巨大的灾难，成为了人民群众的死亡线。有些群众通过检问所时，常常遭受到人身侮辱和敲诈勒索；有些群众为了种地、赶集而穿越或接近竹篱笆时，还常常遭到拷打，甚至被无理杀害。有民谣为证：“竹篱笆，硬分家，南边田，北边家，良田荒芜没法种，种好的粮食吃不到它。”

日伪的暴行，点燃了苏中军民的怒火。为了粉碎日寇的阴谋，打击日伪的嚣张气焰，在1943年5月初，新四军苏中四分区地委在《为迎接敌汪“扫荡”“清乡”给各县的工作指示》中明确指出：“已开始编篱笆处应迅速动员党政军民迅速开展反封锁斗争。”在反封锁斗争初期，新四军动员篱笆两侧的群众集体“跑反”，日伪想找人干活都困难；当敌寇蛮横奴役民众为其修筑篱笆时，我们的党员、积极分子便混杂其中，组织群众怠工，出工不出力。有时，区队、民兵悄悄潜入竹篱笆区域，以火力吸引、驱赶日伪的“清乡”人员，群众就趁机拉倒竹篱笆，然后一哄而散。短短一周，百十里长的竹

竹篱笆前的哨兵

篱笆便被搞得支离破碎。

这种办法虽然取得了一定的效果，但离彻底打破敌人封锁还有一定差距。新四军第一师兼苏中军区第三旅兼第四军分区旅长兼司令员陶勇和政治委员姬鹏飞商议，在各县各边区开展反筑篱笆的群众斗争基础上，发动一个更大规模的全“清乡”区的火烧竹篱笆群众行动。日伪于1943年的5、6月份，开始重点“清剿”海门启东地区，此时新四军正好可以来个“围魏救赵”，在封锁线上组织一次大破击，干净利落地消灭这道封锁线。

万事俱备，只欠火攻。1943年7月1日夜，司令员陶勇和政治委员姬鹏飞带着新四军一师的部分主力部队，来到串场河北封锁线边沿靠近指挥。地方干部动员了数以万计的群众参加到这场浩浩荡荡的反封锁行动中来，连篱笆外的三分区也组织了民兵、群众配合这次火烧竹篱笆斗争。东起南坎，西至岔河，北起丁埝，南至天生港，几十路民兵群众大军在主力部队的掩护下一齐行动，场面甚是壮观。宣传队在进军途中唱着“竹篱笆，分了家；南边田，北边家，大家齐心拆篱笆”和“篱笆长，篱笆高，清乡封锁鬼门道；清不了，锁不了，抗日人民智慧高；老虎钳，切菜刀，砍掉篱笆大火烧”等民歌，鼓舞大家的斗志。“武运长久”的日寇放了几枪，便被新四军主力部队火力压制住，龟缩在碉堡里不敢妄动，更不用说汉奸伪军失魂落魄的狼狈样了。只听一声号令，破击队伍迅速行动，不一会儿，在黑夜中闪烁的星星之火就变成了一条条蜿蜒盘旋的火龙，冲天大火绵延数百里，壮观的场面好似“火烧七百里连营”，又仿佛赤壁之战中“谈笑间，樯橹灰

火烧竹篱笆

飞烟灭”。浓烟滚滚，火光冲天，日伪军惨淡经营三个多月的竹篱笆，一夜之间被华中军民烧成灰烬，日军的封锁阴谋宣告破产。

“火烧竹篱笆”的成功，打破了日伪所谓的强固封锁线，吹响了全面反“清乡”的号角。延安《解放日报》把这一斗争称为华中军民创造的“辉煌的英勇奇迹”。共产党、新四军领导苏中军民与日伪军针锋相对，坚持斗争，上演了“火烧竹篱笆”这威武雄壮的一幕，将永远留存在革命斗争史的光辉篇章中！

（潘麟之）

反攻序幕

——车桥大捷

1944年，世界反法西斯战争已逐步转入反攻阶段，新四军在华中敌后战场也度过了最困难的时期，创造了恢复和再发展的能力。

三仓河是苏中抗日根据地的中心地区，新四军一师和苏中区党委驻扎在此。一师师长粟裕在这里一面指挥反“清乡”斗争，一面开始谋划新的战略计划——开辟一个新根据地，用以作为机关的后方安全区，养精蓄锐，培养兵员。

这天早晨，粟裕和往常一样，又站到二十万分之一的地图前，对苏中区形势反复思考之后，他终于把注意力停留在苏中区西北角的车桥、泾口、曹甸地区。

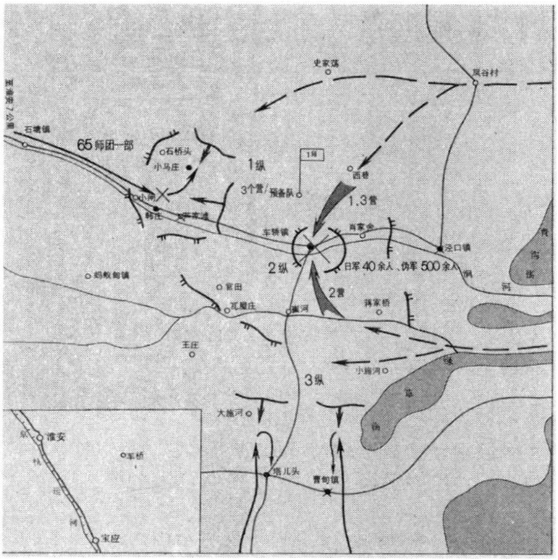

车桥战斗要图

车桥，是淮安县城东南二十公里的一个大镇，位于淮安城、泾口镇、泾河镇、曹甸镇之间。这里原是韩德勤和国民党军第二十四集团军的地盘。1943年春，日伪军大举“扫荡”，韩德勤不战自逃，使几十个村镇数十万同胞沦于日军铁蹄之下。如果光看车桥的地理位置并不特别，关键是粟裕从战略位置上看到它非同寻常的意义。车桥正好是华中新四军第一、二、三、四师的联结部，敌人占领这个地区就好像在兄弟手足之间钉了个大楔子，碍手碍脚；同时，这里也是日军第六十四师团和第六十五师团的结合部。这两个师团分属于不同的领导体系，两部之间配合差，有利于我方作战。这个楔子一拔掉，不但割裂了日军的联结，还打通了华中新四军四个师的联系。

粟裕

一举几得的战役啊！粟裕兴奋极了，但是他胸藏百万兵，面不露片甲。为证明自己的思谋可行性，在1943年6月他去黄花塘军部参加整风会议和9月返回时，就带着少数参谋、测绘人员和一个连，有目的地穿行于车桥、曹甸日军据点附近，对沿途的地形、敌情进行实地考察，开始酝酿战役构想，审慎待机。直到次年初苏中区党委召开扩大会议，粟裕才将这个方案提交大家讨论，得到大家一致的支持。在这个会上粟裕提出一个重要的军事理论点：“在战争相持阶段，争取有利时机，推进局部的战略反攻。”

叶飞

战役于1944年3月5日凌晨正式打响，粟裕坐镇后方掌握全局，战役指挥的重任交给了副师长叶飞。这是一场硬仗，在此之前，新四军对日军打的全是游击战，这次集中五个团的兵力对日军进行反攻作战，

在苏中抗日游击战争中，还没有先例。粟裕在战前对部队进行了编组，将互相了解，战斗作风、特长相仿的部队临时编成一个建制，共编为三个纵队、一个总预备队，其中一个纵队主攻车桥，另外两个纵队担任打援。

主攻车桥的第二纵队由第七团及炮兵大队组成。他们分成南北两路直扑车桥，以隐蔽迅猛的动作越过外壕，架起数十架云梯，登上围墙。被誉为“飞将军”的六连战士陈稻田，身上挂满手榴弹，飞身爬上碉堡顶盖，抡起十字镐挖了个洞，把一串手榴弹丢进碉堡里，吓得敌人哭爹喊娘。只用了二十五分钟，攻坚部队就很快占领了围墙上的所有碉堡，并攻入镇内，全歼伪军一个大队，并将日军包围在核心工事内。新四军的突然攻击，使敌人完全陷入被动。

在车桥战斗激烈进行之时，阻援战斗也打响了。当第一批增援部队进入我伏击阵地时，遭到新四军一师阻击部队的沉重打击，被迫退入我军预设的地雷阵。我军乘雷群爆炸之机奋勇出击，歼敌200余人，接着又给逐次增援的日军以歼灭性打击。6日清晨，车桥之残余日军乘隙窜逃，车桥战役胜利结束，共计歼灭日军大队长以下465人，其中俘虏24人；歼灭伪军483人，缴获92式平射炮2门及大批武器弹药。在抗战史上，这是1944年以前新四军在一次战役中生俘日军最多的一次。

车桥战役胜利后，它的指挥者粟裕既喜又悲，喜的是中共中央军委通过新华社向全国播发了新四军收复车桥的信息，延安党报《解放日报》还在醒目位置发表社论，高度评价了车桥战役胜利的重大意义；悲的是新四军一师的一位特殊的战士在战场上不幸牺牲了，这位战士就是“日本人反战同盟”苏中支部盟员松野觉。车桥战役发起后，正在生病的松野觉强烈要求到战场最前沿进行喊话，在阵地上坚持了四天四夜后，同志们劝他回去休息，他说：“我不是客人，我是战士，战斗还没有结束，战士就不能离开战场。”在攻克最后一座碉堡的战斗中，松野觉被一颗子弹击中头部，牺牲在战场上。正义的战争从来都有正义的灵魂的归宿，松野觉和战斗中牺牲的中国战友一同被安葬在车桥镇烈士陵园。

松野觉

车桥战役后，我军乘胜扩大战果，泾口、泾河、曹甸等附近乡镇的日伪据点全部获得解放。百万同胞重见天日，无不欢欣鼓舞。苏中、苏北、淮南、淮北四块抗日根据地从此连成一片。

车桥大战是粟裕战略智谋的代表作，它揭开了华中敌后的反攻作战的序幕，标志着抗战的最后胜利即将到来。

（成春梅）

大鱼山岛壮歌飞

在浙东沿海舟山群岛中有一个面积仅为九平方公里的小岛，被人们称为“海上的狼牙山”。六十八年前，新四军浙东游击纵队海防大队的将士们在这里与日伪军进行了一场气壮山河的血战，谱写了一曲惊天地、泣鬼神的中华民族正气歌。

大鱼山岛位于舟山群岛的西北部，岛上有四万多户人家，千余人口，当地百姓多以捕鱼、砍柴为生。浙东沦陷后，日军把舟山群岛作为浙江沿海重要的海军基地和支援太平洋战争的战略基地。大鱼山岛上虽无固定的日伪军据点，但常有日军豢养的爪牙上岛活动。

1944年夏季，浙东新四军受命开辟海上抗日根据地，目的是配合美军准备在中国沿海的登陆计划。大鱼山岛虽然不大，但它却是我军进军岱山、舟山群岛，控制杭州湾咽喉的“跳板”。浙东游击纵队海防大队一中队接受了开辟新根据地的任务。

1944年8月21日一个宁静的早晨，一中队七十余名战士在副大队长陈铁康的率领下登陆大鱼山岛，然而一个危机也在悄悄地向他们逼近。为了搞好统战工作，上岛的部队没有逮捕伪军分队长——外号叫“沙山龙”的张阿龙，致使留下了这个“毒瘤”，招来灭顶之灾。由于汉奸的告密，日伪军很快完成了兵力的集结。25日清晨，大鱼山岛一切都显得很宁静。突然间，隆隆的马达声在大鱼山岛的东方响起，瞭望哨的战士飞奔中队部，向陈铁康报告：发

现敌舰十余艘向大鱼山岛急驶而来。陈铁康闻讯后，感到情况严重，下令作好战斗准备。悬海孤岛，部队无处转移也无法隐蔽，出路只有一条：打，坚决地打！

由于兵力太少，战士们只能选择岛上的三个制高点阻击从海上登陆的日军。在敌人飞机的扫射和战舰火炮的轰击下，战士们顽强抵抗，指导员严洪珠向战士们喊道："同志们，咬住敌人，狠狠地打，打得鬼子腰断背裂，脑袋开花！"战士们手中那挺横插梭的捷克式机枪喷出愤怒的火舌，子弹和手榴弹一齐飞向敌群，打退了敌人一次又一次的冲锋，气得日军指挥官直骂伪军"混蛋"、"废物"。敌人倾巢出动，南北夹击，分割围攻，妄图一举攻陷新四军的阵地。这时，部队伤亡越来越大，弹药将要耗尽，已是满身灰尘、血迹斑斑的战士们把弹坑当掩体，以石作枪弹，准备迎接即将来临的恶战。面对敌人海陆空联合进攻，面对敌人于我8倍的兵力，硝烟四起的战场上再次响起指导员严洪珠那高亢激昂的声音，那是他领着大家唱《繁昌之战》这首新四军的战歌：

> 皖南门户，长江边上，
> 平静的繁昌，成了烽火连天的战场。
> 无耻的日本强盗，海、陆、空军一齐进攻。
> 我们的血，发扬了民族的荣光。
> ………

情况越来越危急，严洪珠命令大家撤退，自己阻击敌人，掩护战友……这时敌人已冲上山冈，忽听到单发的一声枪响，那是指导员向活着的战友们报告自己已经战斗到最后一息的枪声。

实力悬殊的战争注定是异常惨烈和悲壮的。战士们手中的子弹和手榴弹都已用尽，面对越来越逼近的日军，他们砸毁了枪支与敌人展开了一场惊心动魄的白刃战，20多名战士抱着敌人一起滚

大鱼山岛战斗油画

下山崖。激烈的战斗一直持续到下午3点，日本鬼子凭着优势兵力和精良的装备，在惨重的伤亡之下占领了这个阵地。海防大队副大队长陈铁康，一中队队长陈克民、指导员严洪珠等42人英勇牺牲；部分战士突出重围后，在当地渔民的掩护下隐蔽了起来；还有一部分伤重而弹尽枪毁的战士落入日军手中，遭到集体屠杀，抗日英雄的鲜血染红了荒秃的山冈。

战斗结束后，当看到收缴的十几支枪没有一支是完好的，日军不相信几十名中国军人就靠这样的武器和8倍于自己的对手浴血奋战了7个多小时。日军舟山指挥官佐藤经藏感叹地说：“在攻占中国沿海诸多岛屿的战斗中碰到了这样英勇善战、血战到底的中国

大鱼山岛战斗烈士墓

军人还是第一次。”

血战刚过，硝烟未散，大鱼山岛的群众含着热泪搜寻着烈士们的遗体，就地掩埋。由于长年海风呼啸，大鱼山岛上几乎没有野生的树木，但令人称奇的是就在村民们自发修建烈士墓的第二年，墓前就生长出郁郁葱葱的无名山树，躯干如铁，造型雄伟，无论是海风凛冽还是艳阳高照都虬枝向天，默默地守候着这群感天动地的英灵。

（成春梅）

“膏药旗”的终结

“膏药旗”是上世纪饱受抗日战争摧残的国人，对日本国旗的蔑称。日寇在中国所到之处，“膏药旗”往往是他们侵占的首要标志。1945年8月15日，日本宣布无条件投降；9月2日，日本帝国主义签字投降，中国人民终于取得抗日战争的伟大胜利。随着一块块粘贴在中国土地上“膏药旗”的撕去，1945年12月，华中战场上却仍有一座城市——高邮，为日伪军所控制，有着占领之意的“膏药旗”，依旧孤悬在高邮城头随风乱舞。

高邮城地处华中，南临扬州、北靠两淮、西接运河、东濒水网，是苏北水路交通枢纽重镇，其军事地位被喻为运河上的一把铁锁，自古就是兵家必争之地。1938年，日军侵占高邮后，一直将其作为重镇把守，历年加修工事，加上高邮城墙高9米、厚7米，5至7米宽的护城河环绕四周，易守难攻。

此物为1943年苏北盐阜军民在反“扫荡”斗争中的战利品。该旗为正方形，正中圆形的红色周围有240名参战日军官兵在战斗前的出征签名。

日寇宣布投降后，为了抢占胜利果实，蒋介石一面命令侵华日军不得向八路军、新四军投降，收编全部伪军；一面急调兵力向我解放区推进，抢占地盘。盘踞在高邮的是日军独立混成第九十六旅团两个大队，约1 000人；伪军第二方面军第四十二师七个团，共6 000余人。日军认为高邮地形险要，又有重兵把守，再加上国民党顽军撑腰，所以态度非常骄横，对新四军提出的投降通牒置之不理。12月初，国民党军第二十五军先头部队一〇八师到达扬州，企图待援军到齐后向高邮推进，然后向“两淮”（淮阴、淮安）进犯。驻高邮的伪军更加猖狂，一扫过去为皇军效忠，扬言“奉蒋委员长的命令”，要“北攻宝应，收复失地”。

为了粉碎日伪军的阴谋，1945年12月中旬，新四军华中军区张鼎丞、粟裕、邓子恢、谭震林联合致电中共中央和新四军军部，建议发起高邮战役，以新四军华中野战军第八纵队攻击高邮城；以第七纵队攻击高邮以南的邵伯；以地方武装配合作战。华中军区司令员张鼎丞、华中野战军司令员粟裕亲临前线，勘察地形，研究敌情，确定主攻方案。

12月19日，华中野战军主力第七、第八纵队及地方武装共15个团，采取攻城与打援的战法，向高邮、邵伯之敌发动进攻。20日晨，第七纵队攻占邵伯等地，歼敌近1 000人，切断了日伪军南逃之路，并沿邵伯、丁沟之线构成对扬州、泰州国民党军的防御。军区特务团攻占车逻，第八纵队扫清了高邮外围各据点。21日，八纵队到达高邮城下，针对日军有意对士兵封锁日本投降的消息的情况，我军采取了强大的攻心战术，喊话、放日本歌曲、挂劝降标语、发放传单等种种做法，使城内日伪军开始动摇、分化。战士们还扎起了“土飞机”，借西北风用大风筝把传单散在高邮城内。

高邮战役中日军走下碉堡

12月25日晚，雨下个不停，新的一年即将来到，高邮城的百姓却依旧生活在黑暗的凄风苦雨之中。随着我军的强大炮火，总攻开始，高邮城的命运从此发生改变。我军第八纵队第六十四、第六十六、第六十八共3个团，趁漆黑雨夜，出其不意地分别从城北、城东、城南3个方向，向高邮城发起了猛烈攻击。日寇认为固若金汤的高邮城墙根本无法抵挡我军的攻势，现代的武器配合着古老的云梯，城门很快被我军拿下。26日凌晨，第八纵队开始攻击位于高邮城东半部的日军旅团司令部。此处虽然碉堡林立，但敌人已惊慌失措，很快投降，被日军盘踞长达六年零两个月之久的高邮城胜利解放！那在高邮城头的膏药旗，随着战火灰飞烟灭，战场上能见到的只有日伪军从据点中颤抖摇晃伸出的，像被揭去膏药的小白旗。高邮战役共歼灭日军岩崎大佐以下1 200余人，伪军第四十二师师长王和民以下4 000余人，缴获各种炮80余门，轻重机枪200多挺，步枪6 000余支，拔除了残存在华中解放区内的日伪军据点。此时还未知高邮城解放的国民党，居然还在为高邮城的“盟友们”空投下了一些干粮、面粉、武器。

受降仪式在日军“洪部”（今高邮公园礼堂）举行。这次受降仪式是中国共产党及其领导下的新四军举行的最大规模的受降仪式，也是日寇向中国共产党领导下的八路军、新四军投降的最后一次受降仪式。新四军第八纵队政治部主任韩念龙、副主任谢云晖以新四军代表身份，接受了日军的投降。三天后，粟裕司令员在高邮城接待了日本投降军官。日军岩

高邮战役后，日军向新四军交械。

崎大佐走到粟裕司令员面前，十分庄重地弯腰把一件紫光闪闪的冷兵器，用双手高高地举过头，说道：谨将这柄远祖相传的紫云刀，敬献给久已仰慕大名的中国将军。

高邮战役，不仅标志着中国对日寇的最后一战，高邮城成为最后一座收复的城市，更标志着日本侵华战争的彻底失败，标志着那充满战争罪恶的“膏药旗”在中国的最后终结！

（周振华）

N4A 新四軍紀念館

第三部分

文物故事解读篇

少奇猎枪征集记

把历史见证物送到新四军纪念馆，是很多新四军老同志及其后代的共同心愿。遗憾的是，长久以来，新四军纪念馆一直未能拥有一件新四军政委刘少奇使用过的物品，作为陈列展览。

刘少奇在“文革”中遭受迫害，含冤而逝，存世物品甚少，这成为全国众多少奇纪念地展馆的遗憾。2007年11月17日，时任中国人民解放军军事科学院政委、刘少奇之子刘源中将（现任中国人民解放军总后勤部政委、上将）来盐视察时得知，盐城作为当年新四军军部所在地，竟没有收藏到一件刘少奇同志生前使用过的实物，表示立即回京和家人商议，进行实物捐赠。2008年2月下旬，刘源政委通过军事科学院副院长王兆海少将(盐城籍，现为海军副政委，中将)，向新四军纪念馆转达了捐赠一支少奇同志生前使用过的猎枪的意愿。3月中旬，出差在即的刘源政委将猎枪和相关文字说明，委托王兆海副院长转赠新四军纪念馆。3月17日，我和馆里同志赴京接收猎枪。18日上午，在中国人民解放军军事科学院王兆海将军的办公室，我第一次见到了这支猎枪。

这是一支双管猎枪，枪号为0121，长有117厘米。木质枪身为棕色，上面刻有细网络，中心位置有一五角星图案，枪托底部有一龙形图案，扳机前侧是一凤的图案，扳机两侧各有一只不同形态的兔子，其他部位有多处祥云图案，整支猎枪保存得非常完好。据刘源同志亲自撰写的书面材料介绍，少奇同志使用的猎枪来历有

本文作者与王兆海将军进行猎枪交接

三种说法：一是上世纪50年代，齐齐哈尔生产仿苏的第一批猎枪，作为献礼分赠党和国家领导人；第二种说法基本同前，其中“第一支猎枪”赠予毛主席，但毛主席历来不喜动枪，而刘少奇则喜欢打猎，毛主席就将此枪转赠刘少奇；三是解放初期，刘少奇访问苏联回国途经东北，将苏联领导人赠送的猎枪转送当地，后按此枪仿制，造出新中国成立后的第一批猎枪，第一支就赠送了刘少奇。因为少奇的离世，究竟哪种说法是准确的，已成为一个难解之谜。这支猎枪在“文革”中，因为少奇蒙难被查封，1979年退还所抄家物时一并退回，此后一直由王光美保管。扑朔、曲折的经历使得这支猎枪更显神秘和珍贵。

我们都知枪械属于禁运物品，那时又值全国“两会”期间，如何把枪支从北京带回？在赴北京前，我专门去了趟盐城市公安局，市公安局的同志为我们出具了证明，并让我们到北京，要和当地公安机关取得联系。当我正考虑如何和北京公安机关联系时，王兆海将军似乎也看出了我们的心思，他主动提出由军科院保卫部门和铁道部公安局联系，我们只需等着消息就行了，这让我们方便了许多。3点多钟，所有手续都办好了，中国人民解放军军事科学院保卫部给铁道部公安局写的报告，其具体内容为：铁道部公安局，兹有江苏省盐城市新四军纪念馆来我院征集刘少奇同志生前使用过一支双管猎枪，用作该馆陈列。该枪长约117厘米，枪号0121，由刘少奇之子、我院政委刘源同志提供。现由新四军纪念馆孙国栋、陈宗彪、杨勇三同志携该枪由北京乘Z51次列车，于3月18日由北京带回盐城市，特请贵局通知沿途有关部门给予免检放行为盼。铁

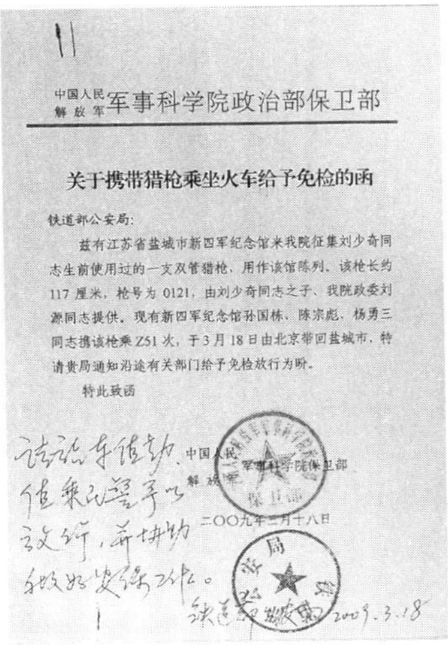
中国人民解放军军事科学院政治部保卫部

关于携带猎枪乘坐火车给予免检的函

铁道部公安局:

兹有江苏省盐城市新四军纪念馆来我院征集刘少奇同志生前使用过的一支双管猎枪，用作该馆陈列。该枪长约117厘米，枪号为0121，由刘少奇同志之子、我院政委刘源同志提供。现有新四军纪念馆孙国林、陈宗彪、杨勇三同志携该枪乘Z51次，于3月18日由北京带回盐城市，特请贵局通知沿途有关部门给予免检放行为盼。

特此致函

中国人民解放军军事科学院保卫部

二〇〇九年三月十八日

请站车值勤、值乘民警予以放行，并协助做好安保工作。

铁道部公安局 2009.3.18

道部公安局签署意见：请站车值勤、值乘民警予以放行，并协助做好安保工作。

王兆海将军非常细心，特地安排了一辆军车跟随我们。开车的司机叫武斌，山东临沂人，当兵已有10多年，现为士官，他性格比较开朗，非常高兴能够护送少奇猎枪。从我们的住处五棵松总后招待所到北京站，正好从中国最有名的大道，有“神州第一街”美誉的长安街由西到东穿过，它贯穿天安门广场，沿线有中南海、故宫以及许多中央政府部门，交通相当繁忙，尤其是6点到7点，上下班高峰时间，堵车常常发生，但那天却很特殊，路边的大型电子屏幕显示，整条长安街基本是一条表示畅通的绿线。司机武斌都觉得有点奇怪甚至惊讶，一边开车一边说：“我开车十年了，长安街是经常走，像今天这么通畅的，从没遇见过，难道真是少奇主席有知嘛？”说得我们都乐了。因为是军车，事先又联系好，车一直开到10号车厢的站台门口。车刚停下，就有两名乘警同志迎上来，协助我们把枪送到房间，并留下了电话以便随时联系。伴

少奇猎枪

随着火车的隆隆声，这支载负着少奇家人对老区的深深情意的猎枪，跟随我们一起回到了盐城，回到了少奇当年战斗过的地方。

猎枪很快就被陈列在纪念馆最大的一个展柜当中，作为馆藏的第一件少奇遗物，我让馆里同志在枪身上扎了朵红绸花，每天参观的观众络绎不绝。当讲解员们把这支猎枪的来历和征集经过告诉参观者时，都会引起阵阵感叹，新闻媒体也争相报道，众多网站进行了转载。令我们想不到的是，齐齐哈尔猎枪厂（原厂名）一位负责人从网上得知这一消息，联系到我们，电话中她激动不已，说当年负责制作这批枪械的老厂长现在还健在，适当时候，他们要到盐城看望这支猎枪。

猎枪的传奇，又有了新的延续……

（孙国栋）

得来全靠“争”功夫

——徐海东遗物归藏记

新四军的著名将领徐海东，被毛泽东称为“对中国革命有大功的人”。在新四军人物馆，展示着徐海东大将在抗战时期使用的马袋以及在病重期间使用的接氧箱等九件物品。每当我看到这些文物，总是感慨万千。

2007年3月，我和陈宗彪同志出差赴京。为了文物，我们想专程拜访徐海东大将的女儿徐文惠。徐文惠同志曾于2001年4月18日，到盐城参观了新四军纪念馆。那时，我虽未到馆担任纪念馆馆长，但作为老馆员的陈宗彪同志曾接待过徐文惠同志，并陪同她看完纪念馆的整个展览。事后陈宗彪采写的《写就父辈辉煌史——徐海东女儿徐文惠访谈录》的文章，给徐文惠留下了较深的印象。因此，徐文惠听说我这位新任馆长专程拜访，欣然同意。

抗战时期的徐海东

初见徐文惠，印象最深的是，作为一个共和国的开国大将的女儿，丝毫没有将门之女的架子，虽说已是60多岁，但她保持着她父母在抗战期间的那股勤俭朴素、艰苦创业的精神。到达徐文惠家时，当我按响门铃后，给我开门的竟是一位配戴眼镜、头上扎着毛巾、穿着一身旧衣旧裤、两手沾着白色涂料的年过花甲的女者。在我自报“家门”后，她爽朗地笑道：真不好意思，我不知道你这么快就到，你看我正在收拾东西，想把这老房子粉刷一下。伴着笑声，她取下头上的毛巾，我们才知道她就是徐文惠本人。

在和徐文惠的交谈中，我们得知，出生于湖北窑口家庭的徐海东也曾被毛泽东同志称为“赤贫大将”。说起徐海东奔赴新四军任职的历史，徐文惠高兴地介绍道：1939年9月初，已在延安马列学院经过10个月学习的徐海东，来到毛泽东身边，要求立即奔赴抗日前线。毛泽东关切地问：“身体好了吗？”徐海东拍着胸脯说：“没问题，我这人就这样，不打仗就生病，一打仗病就好！”毛泽东笑道：“打仗治病，这是你的发明。好吧！你准备出发！”徐海东听说出发，立刻来了精神。“去哪里？”毛泽东告诉他：“现在八路军、新四军都向延安要人。中央决定派刘少奇去华中，他提出要你这个虎将去新四军，可是小平同志要你去华北，他们都争着要你。我考虑你是鄂豫皖出来的，熟悉大别山的情况，就派你跟刘少奇到华中去。”徐海东兴奋地说：“好，我明天就出发！”毛泽东放声笑道：“真是江山易改，本性难移。一说打仗你就要要命，看来把你留在延安，没病也得生出病来……”就这样，徐海东在当年9月随刘少奇奔赴华中，在新四军中担任江北指挥部的副指挥。也在那时起，徐文惠就跟着父亲在新四军队伍中成长。1941年，她随父母从安徽转移往盐城西北的淮阴一带生活。短暂的登门拜访，自然少不了征集徐海东大将文物的话题。徐文惠歉意而理解地说：“徐海东的遗物已全部移往老家湖北大悟县博物馆。”并表示尽快考虑这件事。

2008年3月27日，我们接到徐文惠电话，要我们立即派人在次日中午赶到湖北大悟县，与三十九军、二十七军的同志一起，协调徐海东文物事宜。当时，正是我馆改扩建工程的全面实施阶段，无论是人力还是财力都处于紧张的情况，然而我考虑到的是，徐海东文物的征集是改扩建工程中的一项重要工作，何况徐文惠同志亲自飞往湖北处理此事机会难得，如果不能如期而至损失不堪设想。但改扩建工程正紧张进行，我不能前往，因此，决定派文史部副主任陈宗彪和保卫科的张树忠同志前往，力争第一个赶到大悟。当时，馆内资金极其短缺，出差费都难以支付，陈宗彪、张树忠主动垫支出差费用。为了尽快把事情办好，盐城没有到武汉的直达车，我们就用馆里的小车送他们俩到泰州，以便赶上当天赴汉口的火车，再辗转赶往大悟。火车到了武汉境内，他们经询问和查看地图后得知，在中途红安县下，转乘汽车可直达大悟县，这样时间上可节省半天。然而下了火车，到了汽车站买汽车票时却被告之，大悟暂不通汽车。在没有办法的情况下，两人就站在马路边拦过路汽车，经3次换乘乡镇区间汽车，最后坐的是手扶拖拉机，一路颠簸了近二十公里，才到了一个县城，转乘上了去大悟的班车，于第二天上午11：30分到达大悟县。听说三十九军、二十七军的同志还在途中，他们俩长长地松了口气。

湖北省大悟县是新四军五师所在地。博物馆馆长陈冬泉和陈

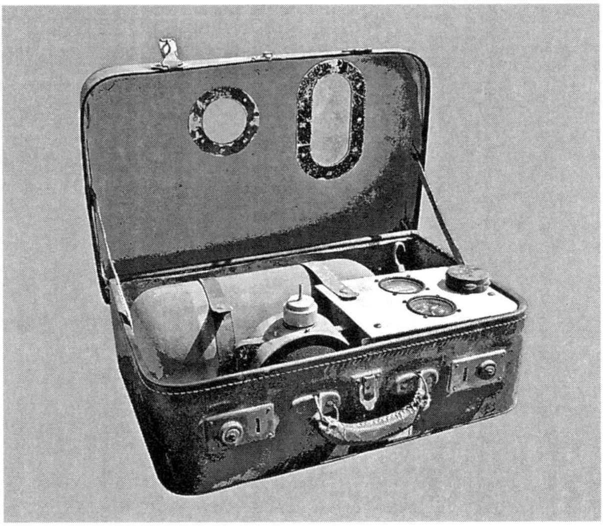

接氧箱

宗彪是二十多年的行业朋友，多少年来他们之间一直保持着业务和学术交往。在大悟县，陈冬泉陪同陈宗彪，赶往已经到达的徐文惠下榻的宾馆。在徐文惠的协调下，在大悟县宣传部、文化局，特别是在陈冬泉馆长的竭力支持下，赶在其他征集单位前，由陈宗彪同志选定实物后，从大悟县博物馆文物库房中调出了徐海东大将使用过的接氧箱等9件遗物。

据徐文惠介绍，这只接氧箱是徐海东大将生命垂危时的抢救医疗器具。“文革”期间，江青一伙不敢明目张胆置已经在院抢救的徐海东于死地，就想方设法限制医疗设备，延误医治时间，从而达到他们的目的。徐海东儿女对江青等人作了针锋相对的斗争，周恩来总理知道后，对江青等人给予了严肃的批评，对徐海东大将给予了严密的保护。这只接氧箱伴随徐海东直到他生命的最后一刻。

（孙国栋）

踏破铁鞋有觅处

——潘汉年遗物捐赠记

新四军人物馆的设立，使得新四军队伍中的900多位代表人物得以充分展示，文物征集也由过去单一的抗战文物，延伸到被征集者的一生，众多文物归藏我馆。然而对曾经战斗在隐藏战线的特殊群体的文物征集，却一直未能突破。究其原因，隐蔽战线是一场看不见硝烟的生死较量，情况错综复杂，隐蔽战线的英雄们大多是隐姓埋名，他们的功绩世人难以知晓，甚至还为家人误解，世人痛恨。许多人在“文革”中，还因此蒙受不公正待遇和迫害，潘汉年就是其中具有代表性的一位。新四军人物馆中，潘汉年作为地方领导单独陈列。由于潘汉年在新中国成立后不久就遭受迫害，1977年含冤病逝，我们和他的家人无法联系，因而对他文物的征集一直期盼，多方寻求，但仍是“踏破铁鞋无觅处”。

潘汉年

潘汉年不仅是新四军也是我党隐蔽战线的杰出领导，他是江苏省宜兴归径乡人。1925年，加入中国共产党。先后任《革命军报》总编辑、国民革命军总政治部宣传科科长、中共中央宣传部文化工作委员会书记、左翼文化总同盟中共党组书记、中共江西苏区中央局宣传部部长、中国工农红军总政治部宣传部部长兼地方工作部部长等。1936年，任中共与国民党谈判代表。1937年8月，任八路军驻上海办事处主任。抗日战争和解放战争期间，在上海等地领导对敌地下斗争和开展统战工作。中华人民共和国成立后，任中共中央华东局社会部部长和统战部部长、上海市委副书记和第三书记、上海市副市长。1955年4月3日，因迫害以“内奸”罪名判刑。1977年含冤病逝。1982年8月，中共中央为潘汉年平反昭雪，公开恢复名誉。

潘汉年文物征集有了转机，是在2009年3月21日。民盟徐州师范大学总支一行30人来盐城师范学院进行盟务工作交流。交流会后，民盟徐州师范大学总支一行还参观了盐城市新四军纪念馆。在人物馆第三部分“群星璀璨”第一单元“地方领导”区域时，讲解员介绍到了潘汉年。由于近几年谍战片的热播，大家十分感兴趣，而人群中一位中年人听得分外仔细。谁也未想到，参观结束时，中年人道出了心声。“潘汉年就是我的爷爷！”原来他就是现任徐州师范大学生命科学院院长、潘汉年的侄孙潘沈元。他说：“‘文革’期间，家族里的人都对潘汉年的事情避而不谈，讳莫如深，担心受到不必要的牵连。直至我读研究生的时候，看到了夏衍同志的一篇纪念潘汉年的文章发表在《人民日报》上，才知道爷爷的一生如此的伟大、如此的悲壮。”他的话让所有在场的人大吃一惊。陪同参观的政协盐城市委员会副秘书长（民盟盐城市委员会副主委、民盟盐城师范学院总支主委）、盐城师范学院教授唐伯平，及时将信息反馈给我馆文史部陈宗彪。经师范学院和我馆多次联系商谈，2010年春节，潘沈元专门回了一趟宜兴老家，向母亲提出找几件爷爷潘汉年生前用过的物品。潘沈元的母亲拿出了珍藏多年的潘汉年生前使用的一个皮箱和从苏联带回的两本画册。

为了让更多的人见证潘汉年遗物捐赠，盐城师范学院于2010

潘汉年从苏联带回的画册

年11月24日晚，在图书馆二楼的会议室内举办了一场特别的捐赠仪式，当地的媒体也来现场报道。潘沈元偕夫人孙爱群，将潘汉年重要遗物郑重捐赠到我的手上，我第一次真实地接触到这几件珍贵的物品。这几件物品已深深地印上了岁月的痕迹，它们见证了主人不平凡的人生。皮箱是潘汉年战争年代使用的，棕色箱面有细暗花纹，锁扣布满锈迹；两本俄文版画册是潘汉年在苏联工作期间的珍爱读物，既有黑白，也有彩印，纸张已经泛黄，除一本画册的上部略有破损，基本完好。

捐赠者潘沈元动情地说：“潘汉年平反后，他的所有遗物被运至宜兴老家，由于其兄弟姐妹较多，每个人基本都分了一些。而到我这一代时，父辈虽然当年也给了我们一些，但并不多，加之捐给家乡宜兴一些，所以，他的遗物剩下更是难得。自从参观了新四军纪念馆交流后才知道，新四军纪念馆作为全国爱国主义教育示范基地，在全国有着较大的影响。此次文物捐赠，非常有意义，是真正的‘回家’，可以让更多的参观者，让更多的人了解潘汉年的历史。”

对于亲历这次文物征集全过程的我，心中充满着感激之情。纪念馆近几年来一直倡导社会办馆的理念，越来越多的人关注红色事业，此次潘汉年文物的意外征集是一个很好的证明。如果不是盐城师范学院相关人的细心、热心和恒心，如果不是潘沈元夫妇的关心、爱心和决心，让我们踏破铁鞋有觅处，有了这次意外的收获。

如今，这几件伴随着潘汉年经历了血雨腥风的珍贵文物，静

潘汉年的皮箱

静地躺在纪念馆的展柜里，仿佛向人们诉说着其主人的神秘的过去，诉说着那段惊心动魄的历史，用文物说话在这里得到了最好的诠释。

（孙国栋）

情思难泯

——洪学智遗物征集追忆

2006年11月20日，是我记忆档案中永远抹不去的一页。

我之所以铭记这个日子，是因为抗战时期在盐阜地区生活战斗5年之久，被盐城人民所熟悉爱戴的新四军将领洪学智，在这一天走完了他人生旅途中的第九十四个春秋。

洪学智将军是盐城抗战史上不可或缺的重要人物之一，也是在盐阜地区从事过抗战工作最后一位驾鹤西归的新四军将领。1940年11月，洪学智率抗大总校华中派遣大队300多人，从太行山区向苏北盐城开拔。一路历经风险，跨越晋、冀、鲁、豫、皖、苏6个省，于1941年4月28日到达盐城，全队无一减员，创下了新四军行军作战史上的奇迹。到达盐城后，洪学智奉命担任新四军抗大五分校副校长，三天后又被刘少奇、陈毅委任为盐城卫戍区司令员。

洪学智

洪学智是位当过红军、八路军、新四军、解放军、志愿军的“全职军人”。在他的军人生涯字典里只有“服从”二字。1941年7月，日伪军1.7万人合击盐城。洪学智临危受命，接受了掩护中共中央华中局、新四军军部机关直属队及盐城地方干部4 000多人转移的重任。在敌强我弱、装备低劣、武器奇缺的困境下，他组织战斗人员，在盐城登瀛桥西的蟒蛇河边阻击日军进城，胜利完成掩护任务，以最大限度保护了盐城人民的生命财产。1942年10月，洪学智调任盐阜军区司令员，把盐阜区的地方武装发展到8个团达5 000余人。在以后的5年中，洪学智先后担任新四军三师副师长兼参谋长等职，参与指挥了阜宁单家港、陈集、滨海八滩、响水陈港、射阳合德等战斗的胜利。

从上个世纪的80年代到90年代，我和洪将军有过三次接触，聆听过他对新四军在抗战中的历史地位的独到见解与重大作用的深刻领悟。1990年11月14日，将军到盐城参观新四军纪念馆，我因工作关系得以随同前后。没想到16年后的11月20日22时10分，竟成为我们与洪学智将军的诀别。

人都有老去的一天，可有的人虽然走了，却让活着的人想着他。洪将军走后，将军遗物征集的未竟事宜常让我魂牵梦绕，情思难泯。2008年11月，我应邀参加全国政协新闻办公室、解放军总政治部、八一电影制片厂联合摄制的六集电视片《洪学智》的摄制工作，得以与洪学智将军家人，特别是其女婿金元同志有了更深的接触和交谈，同时得到他的热情支持。

2009年3月14日，初春的北京阳光熹微，我再一次赶往北京洪将军的故居，这是我第三次跨进那扇橄榄绿的大门。步入洪将军家，满头银丝、精神矍铄、90高龄的女红军张文老妈妈，已和她的子女们等候着我的到来。出生于四川的张文，原名张熙泽。1942年在盐阜区反“扫荡”斗争中改名张文后一直沿用至今。“我也算半个盐阜人吧！”张文带着她特有的热情，亲切地示意我坐到她的身边。在爽朗的笑声中，张文回忆了她和丈夫洪学智、儿子洪虎在盐阜地区生活5年，历经反“扫荡”斗争的艰苦岁月。1943年，日伪对盐阜区实行第二次“扫荡”。三师决定凡带孩子的女同志全部分散居住到老百姓家中。从此，张文梳起了当地妇女的发型，穿上了当地妇女的衣服。由于张文是四川人，因此平时尽量少说话或者不说话。一天，张文正在屋里择菜，伪保长带一帮人闯进屋内，问张文是什么人。机敏的女房东称张文是娘家的嫂子，结婚几年才第一次到阜宁。说完给伪保长又是递烟，又是沏茶。张文一副若无其事的样子，只顾低头择菜，不说一句话。女房东见伪保长仍在不断盘问，便急中生智地说：如果她是新四军，我敢收留吗？我脖子上只长着一个脑袋，还想多活几年哩！伪保长见找不出什么破绽，便灰溜溜地走了。说到这儿，张文动情地说："当年我和学智同志在盐阜区时，常常遇到这样的事情，每当有险时，都是盐阜老百姓掩护了我们。"

张文沉浸在深情的回忆中。一阵寒暄之后，张文吩咐其子洪虎同志打开一只棕色皮箱，把她所要倾情捐赠的部分洪学智遗物展示出来。她从箱中小心翼翼地拿出一套上将军衔服。通过介绍我们得知，1954年2月28日，洪学智受命担任总后勤部副部长兼参谋长后，负责我军第一次大的服装改革，并为1955年授衔作准备。1955年洪学智被授予上将军衔。1988年，洪学智第二次授衔上将，成为我军甚至世界军史上唯一两授上将的将军。

张文同志向盐城捐赠的文物中，还有两块银元。这是她和洪学智抗战时期在盐阜区时从津贴中积攒下来的。"当时洪学智的津贴每月3元，我2元，洪虎1元。"张文记忆犹新，一边介绍一边将银元递到我的手中。这是我第一次见到人们常说的"袁大头"。我看到银元上因时间久长而生出的污垢，试图用纸巾擦除。张文见后，让其女儿拿来牙膏，从我手中接过银元将牙膏涂上，仔细地擦拭起来。很快银元上的污垢被去除，显现出锃亮清晰的"袁大头"图案。

张文捐赠珍藏的"袁大头"

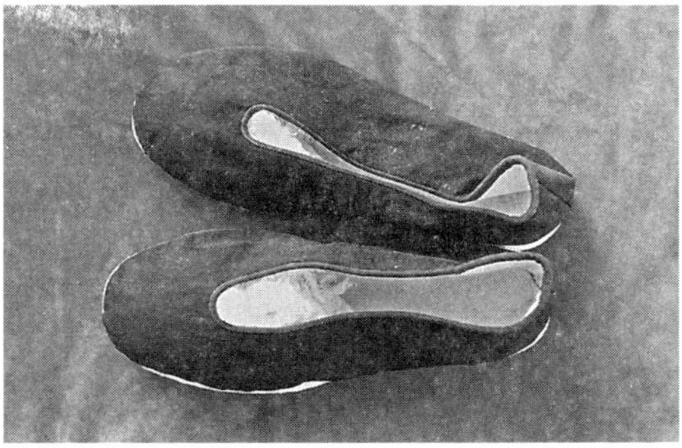
洪学智尚未穿的布鞋

张文同志久久地翻看着两枚银元。伴随她在盐阜生活战斗，见证着新四军与日、伪、顽军浴血奋战的艰苦岁月，由她和洪学智共同珍藏近70年的物品，即将离开她而回归文物发生地。此时我见到张文同志的眼中噙着泪花，但这种不舍之情很快被她已抉择的捐赠所代替，此情此景令我为之动容，终生难忘。

在张文同志捐赠的洪学智遗物中，还有一双黑色的尚未穿用的布鞋。这是上世纪70年代末，洪学智当年曾住阜宁一周姓房东的儿子寄来的两双布鞋中的一双。“鞋子寄来时，每双鞋中放着带壳的花生和几根纱线。这是当地的一种风俗，象征吉祥。”张文同志一边对我解释，一边把鞋内的花生和棉纱取了出来又塞了进去。“保持它的原样，让它回‘家’吧！”是啊，这双布鞋代表着阜宁人民对洪学智、对新四军将士的爱戴，象征着新四军与盐城老百姓的鱼水之情……

（陈宗彪）

一份特殊的“财富”

——李干成遗物征集追记

江苏盐城新四军人物馆第三单元“群星璀璨”部分“地方领导”展板的文物柜中，有一套线装蓝布封套的《毛泽东选集》，引起众多参观者的驻足关注。人们对这份特殊遗物的探究兴致，不禁引起我们对这套《毛泽东选集》征集过程的深情回忆。

2010年1月，新四军人物馆人头攒动。一位60出头的学者模样的男子在“地方领导”展板的李干成照片前久驻细看。他就是李干成的儿子李健之。

李干成，江苏省涟水人，1930年入党。抗战前，先后任共青团江苏省委巡视员、上海共青团吴淞区委淞中区委书记、共青团河南省委书记等职。1938年，根据中共长江局驻武汉办事处负责人董必武指示，组织涟水抗盟进行抗日救亡活动。不久筹建成立了以谢冰岩为秘书长、李干成为常务理事的苏北抗日同盟会。1940年秋，八路军五纵队在苏北成立，特别是新四军在盐城重建军部开辟苏北抗日根据地后，李干成奉命留守淮海区，先后担任淮海专员公署民政处处长、中共泗沭县委书记、宿迁县委书记、淮海地委组织部部长。解放战争开始及全国解放后，先后担任淮海区第二中心县委书记，华中行政办

李干成

事处民政处长、华中支前司令部副政委，苏州行政公署专员，中共常州地委第一副书记，上海市市政建设委员会副主任，中共上海市委市政交通工作部部长、市委常委，上海市副市长，市第五届政协副主席，中共上海市委顾问。

在陪同李健之参观过程中，我们一边向他详细介绍人物馆的筹建过程，一边向他吐露意欲征集李干成文物的心声。李健之沉浸在新四军人物和文物的思绪之中，他告诉我，由于时间久远，加之“文革”浩劫，父亲在抗战时期的遗物未能留下片纸寸布，对于生前遗物可帮助查找提供。2010年春节前夕，李健之给我打来电话，邀我前往上海接受李干成珍藏的一套读物。尽管春节临近，工作繁忙，但我还是如约前往。

2010年2月5日中午，上海康平路的一个住宅大院。这里是上世纪50年代初，上海市领导和华东局领导的居住地。李健之边介绍边与我走向一幢四层小楼，我们一边随其前行一边好奇地猜想：作为新中国成立后上海的李干成的居住处一定是个豪华舒适的地方。步入二楼穿过通道走廊，李健之打开房门，侧身将我们让入室内：“这里就是我父亲50年代从常州调入上海后一直居住的地方。”我们环顾四周，室内陈设简朴，房间虽有几间，但都很小，特别是客厅也仅有七八个平方。看着室内陈旧的家具，李健之告诉我们，这些都是李干成到上海工作时，组织上配置的。“上世纪八九十年代房改时，将这些几乎不能用的家具连同房子一并买下。父亲在世时，我们多次劝说父亲对房子作简单装修，并适当添置必用家具，可他就是不肯。就这样父亲伴随这些‘家具’走完了他人生的最后一个旅程。”

在回忆李干成一生俭朴的许多事例中，李健之难以忘怀的是父亲对子女们严格的要求。小时候，李健之妈妈常常把破旧衣服补好了再让他们穿，特别是外婆把不能穿的衣服拆成布片，用糨糊糊好晒干做成鞋底的鞋子让建之穿。因鞋子不跟脚，外婆就在鞋帮的两边缝上两根带子系扣，健之怕小伙伴们笑话不肯穿。李干成知道后，语重心长地对健之说：过去新四军、八路军常常穿这样的鞋子与敌人争时间比速度，就是穿着这样的鞋子拼杀在战场……父亲的这番话对小健之触动很大。从那后，李健之不再为穿这样的鞋子感到别扭不自在，反而能为穿上这样的鞋感到自豪与光荣。

在和李健之的交谈中，我们也知道了现为中组部部长的李源潮对其父李干成勤奋俭朴的深切缅怀。在《爸爸的人格》这篇文章里，李源潮写道："爸爸从不允许我们铺张浪费，兄弟姐妹们结婚，谁都未在饭店中办过一桌酒席……但爸爸对我们买书订报'敞开供应'。我在中学一年级时订一份报纸、两种杂志，并建立自己的小书库而成为班上的'文化富裕户'。"看了这段文字，我们对李干成珍藏至今的读物，有了更深的理解。

说起李干成的读物，李健之告诉我们，他从盐城返回上海后，对父亲的遗物进行了筛选，"但可供捐赠的物品实在找不出一件。主要是父亲无论在工作上还是生活上，都非常的节俭，加之父亲去世已近二十年，一些生活用品早已作了处理"。李健之面带歉意告诉我们："现在只有父亲几十年前读过的部分书刊仍保存着，这是父亲辗转各地，屡次搬家而一直随带在身边的读物，是他要我们替他保管好的唯一遗物，也是父亲留下的一份特殊的财富。"在李健之向我们展示的一箱子李干成读物中，最为抢眼的是1965年印刷出版的1~4卷线装蓝布封套《毛泽东选集》。这套"毛选"长28公分、宽21公分，每卷4册计16本，繁体字竖排，宣纸印刷。目前民间及档案部门难以见到，收藏界也视为稀有品，非常的珍贵。从这套"毛选"的外表和内页看，李干成已阅读多遍，但既没画线加注，也没有签名盖章。我们分析这可能是李干成出于对毛泽东他老人家的崇敬之举。70年代人民出版社出版的大开本《共产党宣言》、《资本论》等马列主著作共有二十六套，已经泛黄的书面上大都有李干成的亲笔签名，落款时间大都为上个世纪的70年代初。内页

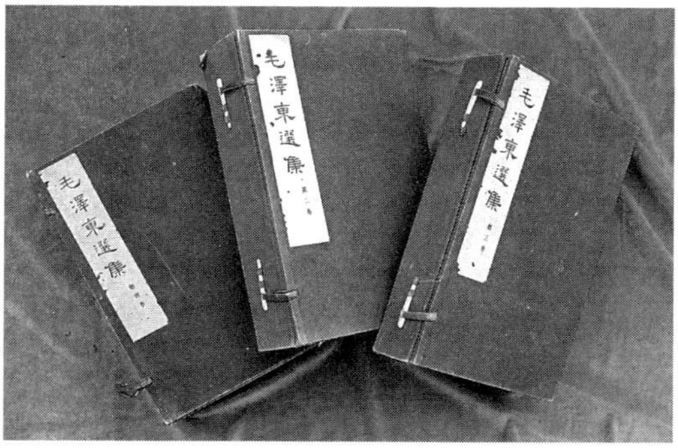

李干成收藏的《毛泽东选集》

中许多地方画红加注。李健之介绍，父亲之所以留着《共产党宣言》等读物有两个原因：一是李干成早在1926年在上海建设大学读书时，就熟读了《共产党宣言》，他是在《宣言》的思想指导下参加共产党走上革命道路的；二是1967年到1972年，造反派对李干成进行隔离审查期间，凭着对共产党的坚定信仰阅读马列著作……听完李健之的介绍，我们对李干成留下的这些读物有了更强的征集意识。为了配合展品的展出教育功能，我们结合党史，进一步知道“读马列”是上个世纪70年代，在中高级干部中兴起的，起因是陈伯达在庐山会议期间搞天才论，挨了毛泽东的批评。毛泽东说，党内真懂马列的不多，容易被陈伯达这类假马克思主义者所欺骗，因此，在全党干部中提倡阅读《共产党宣言》、《法兰西内战》、《哥达纲领批判》、《反杜林论》、《国家与革命》以及《唯物主义和经验批判主义》等书籍。李干成正是在这个特殊的时代背景下阅读马列原著，努力提高马列主义理论水平的。据一些老同志介绍，当年由于马列著作是直译过来的，要读懂、读透绝非易事，而李干成一下子拥有并通读近三十套，没有相当的毅力和信念，是难以完成的。

如今，由李健之捐赠的这套《毛泽东选集》，已成了新四军纪念馆的特殊财富，随着展品的展出和本身所具有的价值体现，越来越多的人将从这“财富”上，更多地了解中国共产党所走过的历程，同时也更深入地了解李干成崇高的精神品质和高尚的道德风范。

（孙国栋）

"N4A" 未了情

在江苏盐城新四军纪念馆主体建筑的正门上方，镶嵌着一块醒目的蓝、白相间的N4A标志。这是抗战时期，威震华中抗日战场的新四军将士们佩戴的臂章符号。上个世纪的80年代，一位中国台湾老人牵挂着他对新四军、对盐阜区的情情结结。这个老人就是当年曾在盐城参加N4A臂章的设计者——庄五州。

庄五州，1914年7月出生于台湾高雄旗津中州。4岁丧母。其父庄澄清早年渡台，教授私塾。庄五州在母亲去世后，即与父亲相依为命，濡染着父亲的文化气息，这为他自小崭露画才打下了良好的基础。15岁那年，庄五州父亲因教授汉语而受到日本人的刁难与干涉，为此庄澄清带着庄五州回到了祖籍福建泉州。庄五州随后进入厦门美术专业学校就读。这所学校创办于民国七年（1918），是中国南方最重要的美术学校之一，其影响远及南洋各地。在这里，庄五州学绩优异，用3年的时间读完了4年的学业。1931年"九一八"事变发生后，庄五州面对民族遭受的外来侵略，积极参加校方的抗日救国运动，与同学们一起创办画刊、编写剧

庄五州

本宣传抗日。1932年，庄五州从厦门美术学校毕业，先后在闽西、闽南从事美术教育工作。在此期间，他身体力行，在山区绘画抗日，其中大型墙头画《不愿做奴隶的人们》即是他当时的代表作之一。在他从事教学的几年里，愤恨军阀割据，盗匪横行，所见所闻，不但使他爱憎分明，更培养了他善良的人道情怀。

1937年，中华全民族的抗日战争全国性爆发。随着抗战形势的发展，庄五州作为一名热血青年，再也不安于在山沟僻壤里的抗日宣传。1940年初，他离开泉州，告别父亲，只身来到上海，全身心地投入到更为艰苦的抗战行列之中。

奔赴盐城

1940年秋天，华中地区的抗战局面由于新四军、八路军在苏北的会师，有了一个新的转折。特别是刘少奇、陈毅等进驻盐城以后，新四军中的文化教育工作蓬勃地开展起来。为了急需一批文化人到盐城，先期到达这里的美术教授许幸之受陈毅委托，先后两次返回上海，发动数十名文化人士前往盐城，到新四军中开展文化教育和戏剧艺术活动。庄五州就在这个时期从上海来到盐城，并在由刘少奇兼任院长的鲁迅艺术学院华中分院美术系担任教授。在极其艰苦与简陋的教学环境里，庄五州创作绘制了大量的抗日宣传画，如《踏着烈士的血迹前进》等，不仅对抗日军民起到了宣传鼓动作用，而且对学生起到了教本和示范作用。在盐城期间，庄五州同其他师生一样，有时为了避敌锋芒，就背上行李，转移到盐

许幸之

由许幸之设计的新四军臂章

城西郊的坟场给学生们上课。由于坟场又高又大，敌机侵袭时，庄五州就和学生们用它来作为掩体。因此，当时的鲁艺师生常唱这样一首歌："坟堆是我们的课堂，瞎着眼的敌机你别猖狂……"

1941年1月，新四军在盐城重建军部后，随着队伍的不断扩大，新四军需要有一个统一全军的标志，由此提出了标志的设计任务。当时这个任务就落到了鲁艺分院美术系教授许幸之、庄五州等人的肩上。不久，许幸之以原有的臂章为蓝本，设计了一种外方内圆、蓝白相间、椭圆形的中央写有N4A字样的图案。图样经庄五州画出正稿后，其线条简洁流畅，视觉醒目有力，很快得到了陈毅同志的赞赏。样稿通过后，这种臂章用石版印刷，在全军指战员中发放佩戴，并一直沿用到1946年。N4A臂章，是在特殊的历史条件下产生的特殊产物，有着特殊的历史意义，其设计者也将永远载入史册。

怅然返台

1941年7月，日军对新四军军部和中共中央华中局所在地盐城进行了疯狂的"扫荡"。为掌握反"扫荡"的主动权，刘少奇、陈毅等同志决定主动跳出敌人包围圈，转移到外线伺机打击敌人。7月9日，新四军军部、华中局和鲁艺学校、抗大五分校等机关全部撤离盐城。在这次反"扫荡"转移途中，鲁艺学院华中分院的部分师生在建湖北秦庄遭遇日军包围袭击，20多人壮烈牺牲。嗣后刘少奇、陈毅决定鲁艺改为军鲁工团和三师鲁工团。这时的庄五州因有着娴熟的绘画技艺和流利的日语会话特长，被调至新四军军部的一个宣传部门，进行反战方面的宣传工作。据庄五州的学生、当时在阜宁地区曾和庄五州一起搞绘画宣传工作的朱泽回忆："庄五州很了解日本的风俗民情，又精通日语，因此，绘出了许多图文并茂、富有感染力的反战宣传品。”在阜宁陈集时，庄五州曾画过这样一幅反战宣传画：画面以日本樱花为背景，樱花下，一名身着和服的日本妇女背着孩子，面对大海，遥望远方，企盼着参战的丈夫早日归来。这幅画是当时反战宣传画中较有鼓动作用的政治宣传品，曾在日军据点中起到较大的反战作用。

1943年2月，日、伪军出动2万多人，对盐阜区实行第二次“扫荡”。在此期间，新四军军部提出了精兵简政的口号，以使一切工作服从反“扫荡”需要，为此大部分人员分散到各部队和地方开展文化宣传活动。庄五州即随部队进入前线，并时常用日语向日军喊话。在一次执行反战宣传任务时，庄五州不幸落入日军之手。由于庄五州能用日语和日军对话而被押解到徐州“特别工人训练所”，在一次偶然的机会中得以逃生，回到上海，并在1945年怅然返回台湾。

画笔抒情

庄五州回到台湾后，由于种种原因，再也未能回到大陆。不久，即与高雄闺秀陈寿贤成婚，并先后在台北“市立”女中、私立静修女中、台湾大学、成功大学等中高等学校任职。鉴于当时海峡两岸的关系，庄五州尘封了年少旧事，至于他在新四军的一段工作历程，更是绝口不谈。1978年，庄五州在65岁时退休。直到这个时期，庄五州才算有了自己的时间，去回顾65年前所走过的人生路程。当年意气风发的抗日青年，已成为温文儒雅的长者。特别是抗战期间他在苏北盐阜地区的生活经历不能再化作无奈的叹息。于是他提起了搁置数十年的画笔，重抒美好的回忆之情。据庄五州长子庄伯和介绍：庄五州从65岁退休到72岁这7年时间里的绘画活动，绝大多数以他在盐阜地区所看到的风情物景为创作题材。如反映新四军战士在风车下休憩的《战地之春》，油灯下孩童识字、母亲纺纱、父亲擦枪的《抗日之家》，为躲避敌机轰炸，农妇携带幼子藏身于高粱丛中的《避难》以及《打鬼子的故事》等油画作品，都是他在盐阜区时的所见所闻。这些作品虽然多半属于风格简练、气氛明快的写实之作，但从中可见庄五州绘画根基的深厚和他对盐阜风物的眷恋之情。

了却夙愿

1986年，正当庄五州的绘画创作处于最佳时期时，他的画笔竟因中风而中辍。最初虽坚持毅力作画，但因困于病体而不能如愿。1989年以《抗战回忆》、《渔村》、《农村》等几个题材油画作品组成的《庄五州画集》在台湾出版。1991年，台北"雄师画廊"就画集作品为庄五州举办了一次特殊的个人画展。1995年，仍处于重病之中的庄五州，得知海峡两岸的关系转为缓解，文化交流渐趋开放，便把在台湾从事美术研究的长子庄伯和叫到床前，嘱咐他一定要将画集和他所创作的有关盐阜风物的油画原件，送往盐城新四军纪念馆收藏。当年，庄伯和遵从父命，转道南京，由朱泽陪同，专程来到盐城，将画集和部分油画原件交给了新四军纪念馆和盐城鲁迅艺术学校，了却了他父亲一生以来的未了之情。

（陈宗彪　刘景女）

以车作证导后昆

——抗战文物“满洲”自行车征访录

这是一段不能忘却的历史；这是一件在不能忘却的历史中留下的日军侵华罪证——全国唯一的、现存展在新四军纪念馆的抗战文物珍品“满洲”自行车。围绕这辆车的“身世”，中央电视台追拍寻访，新四军纪念馆内外查询，终使它被时光定格的那段具有戏剧情节的经历显现在人们眼前。

“满洲”自行车，是1931年日本帝国主义侵占中国东北建立“满洲国”后，由日本满铁株式会社制造的。作为日军当年侵华的工具，它已失去了往日的威势，然而作为新四军的战利品，它无疑有着重要的抗战文物价值。为收集这辆车的佐证材料，笔者曾专程赴京，寻访自行车的捐赠者——曾获抗日战争、解放战争、抗美援朝三次三级独立自由勋章，盐城市响水籍新四军女战士李春华。

李春华出生于苏北响水县的上兴村。15岁参加新四军后，随新四军三师某部活动于淮海、盐阜地区。1943年，近20岁的李春华奉命从淮海转入盐阜抗日根据地开辟民运工作。临行前，组织上将这辆铸有“满”字商标的自行

“满洲”自行车

新四军老战士李春华

车交给她使用。当时，李春华因转移不便，就将车子寄放在涟东的一个农民家中，并嘱其千万保管好。1944年冬，已当民运队指导员的李春华想去涟东取回车子，但因战事频繁，一直未能如愿。不久，李春华在一位妇救会会长的协助下，将车从涟东取回带入盐阜地区。她回忆道，从此，"这辆车便成为我身边的一位无声的战友，无论是战时还是平时，我都与它相伴，用它为部队送情报、运伤员。有一次，部队有批伤员驻扎在射阳的陈洋，原计划伤员从水路转移。后来突然接到命令，河道被敌人封锁，伤员必须从陆路转移。在这紧急关头，我忽然想到了身边的这位无声战友，于是我骑着这辆车走村串户，寻找地方干部，顺利地完成了这次特殊任务"。在采访中得知，1950年10月，抗美援朝开始，李春华将这辆车寄放在丹东一个刘姓同志的家中，她本人则随志愿军跨过了鸭绿江。抗美援朝结束后，李春华到丹东接回车子。就这样，这辆自行车随李春华南征北战、东转西移、风风雨雨一同走过了近40个春秋。

"满洲"自行车是新四军纪念馆具有重要文物价值的抗战文物，而它被远在日本的主人巧遇相认，似乎又披上了一层传奇的色彩。1988年8月，一位60岁左右的日本人，由盐城市外办负责人、新四军纪念馆馆长等人陪同参观纪念馆，当他看到存展在第六展厅的"满洲"自行车时，陷入了深深的沉思之中。面对这辆自行车，他左右细看，上下端详，带着一种对往事的记忆，果断地从行李中翻出一本旧记事本，当车上120424的钢印号码相核无误时，他惊喜地向身边的随行人员诉说起来……

原来这位日本老人就是这辆“满洲”自行车的主人——当年的侵华日军佐田雅人，这时的他已是中日合拍电视《话说长江》的日方总编导。1943年，佐田雅人作为侵华日军第十二旅团的情报士官，在苏北与10多名新四军相遇，为保性命丢下自行车窜进了茂密的高粱地。就这样，佐田雅人骑用的自行车成了新四军的战利品。

原日军情报士官佐田雅人

文物是历史的见证。不知佐田雅人是对他所用之物的爱好，还是想从这辆车上抹去他参加侵华战争的印记，在参观现场，他竟向纪念馆提出，让这辆车重新回到他的身边。然而，这是中华大地遭受日军践踏蹂躏的铁证，任何人以任何方式想淡化这段历史，抹去这段历史都是办不到的。2002年5月，已经80多岁的佐田雅人，面对《新四军》的摄像镜头，在讲述这辆自行车被缴经过时实话实说：“新四军英勇善战，特别善于打游击战。”并承认他当年骑的自行车现存“中国新四军纪念馆”。在采访中，佐田雅人坦言道：“我20岁时被迫应征入伍侵略中国，临行前写了遗书，然后将头发剪下放在书里面。凡到中国去的日本兵都这样做。从我踏上中国的土地起，我就怀着死多生少的信念，因此日本侵华战争的失败是历史的必然……”

穿越时光隧道，拂去岁月尘埃，“满洲”自行车时代的历史虽在中华民族的抗日烽火中逝去，但我们永远不能忘却那个年代曾经有过的流血牺牲、哭诉和呐喊。

（陈宗彪）

将帅戎装复制记

2009年10月12日，是新四军成立72周年纪念日。新四军纪念馆景区内鲜花锦簇，嘉宾云集，人潮涌动。这一天，新四军人物馆正式开馆。在人物馆一楼展厅的“将帅风采”部分，四套将帅服的陈列更是吸引了众多嘉宾和观众的目光，引起阵阵惊叹。

这四套将帅服分别是55式元帅礼服一套、55式陆军将官（少将）礼服一套、洪学智上将87式冬常服一套、周克玉上将87式夏常服一套。两套将官礼服，是1955年中国人民解放军首次实施军衔制，全体官兵统一配发的55式军服。1965年军衔制取消，随着时间的流逝，55式军服，尤其是55式将官礼服，愈来愈显得珍贵和难求。很多人向我问起了同样的问题：这两套55式将官服保存得如此完美，是否是当年的原件？你们又是如何得来的呢？

新四军人物馆陈列的将帅服

新四军纪念馆作为军事和新四军题材的综合馆，从1984年建馆至今，历任馆长们想方设法，希望能够征集一套开国将帅服作为馆藏，但始终未能如愿。究其原因：一是早期成立的纪念馆抢先征集了一批；二是“文革”浩劫中没收损毁了一批；三是老将们离世带走了一批。我担任馆长后作了很多努力，尽管也有个别红二代答应考虑捐赠，但由于其存世稀少，情感上又难以割舍，最终还是一无所获。

2009年，新四军人物馆开馆在即，人物馆第二部分“将帅风采”，展示近400位新四军队伍中走出的开国将帅。为了切合我们馆作为全国国防教育基地的主题，生动展现军队的辉煌和军人的荣耀，我们除了增加一批将帅文物外，想重点展现开国将帅服，可这一美好的想法始终难以实现。为此，我们也曾考虑过外借或仿制将军服，但是外借只能临时应急，不能保证长期展出；让地方一些服装厂复制，价格昂贵且质量得不到保证。

万般无奈之下，我们向中国人民解放军总后勤部原政委、中国新四军研究会会长、阜宁人周克玉上将求援。为了慎重，我们专门以市委、市政府和盐城军分区的名义，给周老写了封信，说明情况和困难，我还专程赴北京向周老汇报。周老听了我们的情况，笑着一口答应说：“这事你们算是找对人了，一是能为家乡和纪念馆做点事我很乐意；二是我们总后有专门的服装油料部，如能同意制作，质量上应该能得到保证。”回盐不久，好消息传来，总后同意复制。

2009年9月，人物馆展陈进入了最后的调试阶段，我们接到了北京的电话，要求赴京接受已复制好的两套将帅服。9月24日，我和馆办公室杨勇同志动身启程赴京。在周老家我们看

1955年9月，毛泽东向十大元帅授衔授勋。

粟裕等将军在授衔仪式现场

到了两套将帅服。服装为湖蓝色，西装式的大翻领，胸前有双排六粒金黄色纽扣，肩膀上镶着金色的肩章，上衣的领子和袖口上手工绣着金色的麦穗和五星。元帅服和将军服的做工和用料基本一致，只是元帅服的肩章比将军服多了一枚国徽，袖口上多了一颗五角星。大檐帽、裤子齐全，所有衣服、帽子上代表军装的型号、番号等印戳齐全。虽是复制，但极为考究，其制作过程更令我们惊叹。

前来赠送衣服的服装油料部的领导向我们介绍说："为了制作这两套军装，我们专门找到几位当年制作55式军服的老服装工人，现在都已70多岁，完全按照当年的制作工艺，纯手工制作。在此之前，我们从来没有为地方纪念馆复制过开国将官服，虽然复制成本昂贵，但我们分文不取，算对你们宣传部队光辉历史的一个小小的心意。"

部队的同志还介绍说："两套复制的将帅服之所以成本昂贵，主要是因为工艺复杂，材料珍贵和难寻。许多材料为保证和当年一模一样，都是专门生产。比如面料，是重新织布并开小缸印染。每套将帅服有6粒纽扣，两套制服只要12粒，同样需要专门生产。工艺最难的是刺绣，将帅服的袖子及领口是谷穗和五角星图案，谷穗的中间用交叉拧成的普通金丝做主干，穗部分则用弹簧状金线一针针绣出，不能有分毫偏差。所谓弹簧状金线指的是将普通金银丝线拉成比头发丝还要细，然后做成细细的弹簧状，中间还要穿过绣花针，这样绣出来的花饰就会更有立体感。因为弹簧状金丝稍一用力，就会变形，所以我们根据原将帅服上金丝线的长短，把金丝断成各种规格的，从零点几毫米到十几毫米不等，然后再小心翼翼地绣上去。光一个五角星，就需要用20多种规格的金丝线。如果说复制工艺和当年有所区别的话，就只有最后一道工序——熨烫，当年都是火熨，这次用了蒸汽熨，不仅不伤服装，而且感觉更为挺括。”

如今，这两套珍贵的将帅服已成为新四军人物馆陈列中的重要亮点，引起了众多媒体的关注和报道，引起了许多观众对那段峥嵘岁月的深情回顾。开国将帅服折射出了我军军衔制的发展历程和着装上的巨大变化，在普通观众眼里，它是人民军队威武雄壮和正规化建设的一个缩影。更为重要的是，开国将帅服的征集复制，为我们文物征集拓展了领域，填补了空白，弥补了遗憾。

（孙国栋）

N4A 新四軍紀念館

第四部分

纪念馆场地建设篇

华中人民的长城

——新四军纪念馆巡礼

地处黄海边陲的苏北盐城，是一座开放的城市，更是一座英雄的城市。1941 年 1 月，挺进华中敌后抗日的新四军，历经“皖南事变”的磨难，浴火重生，东进盐城，重建军部，独立自主地开辟了广阔的华中敌后抗日根据地，书写了“华中人民长城”的辉煌。1986 年，经中共中央宣传部和江苏省委批准兴建的新四军纪念馆，就坐落在这座英雄城市的建军东路上。

新四军纪念馆由主馆区、重建军部纪念塔和重建军部旧址（泰山庙）三个部分组成，占地120余亩。其中主馆区环境典雅，景点纷呈：主题雕塑、纪念碑、展览馆等富有新四军个性文化内涵的建筑设施，在苍松、灌木和草坪的装点下，格外庄严肃穆，令人神往。

走进新四军纪念馆馆区广场，首先映入眼帘的是江泽民题写的馆名“新四军纪念馆”的卧碑。昂首崛起的设计理念寓意新四军不畏强暴，浴火重生，迅速崛起，成为华中抗战的中流砥柱。2000年5月8日下午，时任中共中央总书记的江泽民同志在看完展厅后，来到题词台前。他兴奋地脱去西装上衣，拿起饱蘸砚墨的毛笔题签了“江泽民，二〇〇〇年五月八日，于新四军纪念馆”。值得一提的是，当总书记挥毫签名题款时，有人提议是否在“新四军纪念馆”前加上“盐城”二字，总书记的思绪没有片刻迟缓，一挥而就，放下笔来向在场人员说：“抗战时期，全国只有一个新四军、一个八路军，新四军纪念馆是全国的，不是盐城的。”总书记以其独特的字

广场雕塑《东进号角》

体风格和独到的见解论述，让新四军纪念馆奠定了在全国新四军题材纪念馆中的综合地位。

卧碑后面是一尊名为"东进"的铜质雕塑"新四军战士背枪持号"的形象设计，展现出新四军顶天立地的神采雄风，此时在你耳边一定会响起"此地无声胜有声"的阵阵号角。侧目望去，铜雕东西两侧由苍松翠柏簇拥着的是两组花岗石半圆高浮雕组合的群像，栩栩如生的画面再现了新四军将士"英勇战斗"和根据地人民"拥军支前"的历史场景。越过小桥，在广场中央高高耸立的纪念碑，令人肃然起敬。纪念碑正面刻有原新四军五师师长、后任国家主席李先念题写的"国民革命军新编第四军重建军部纪念碑"碑名，纪念碑背面刻有原新四军三师师长黄克诚撰写的"盐城会师记"碑文。连结卧碑、东进雕塑和纪念碑的是一条宽厚的中轴线，黑色毛坯大理石铺设的中轴线，坑坑洼洼的设计理念告诉人们，新四军发展历程走过了崎岖艰难不平坦的道路。

新四军纪念馆主体建筑是一座现代化的地标性建筑，外形呈"四"字形的设计与新四军"四"字相呼应；醒目的"N4A"臂章图案镶嵌在主建筑正门中央，十分鲜明地凸显新四军个性形象的文化特征；"N4A"图案两侧分别建有两面旗形的花岗石阴雕画，艺术地再现了新四军与八路军"两军会师"和皖南事变后新四军在盐城"重建军部"的历史场面。

步入展厅，拾级而上。首先进入视线的是气势夺人的序厅。

新四军纪念馆广场

新四军在盐城重建军部时刘少奇、陈毅、张云逸、赖传珠、邓子恢五位军部领导的群体铜像，在花卉环绕和穹顶蓝白相间的“N4A”灯光映照下，神情庄重，神态各异，再现出临危受命、运筹帷幄、决胜千里的群体风范。群雕背后半圆形墙壁上的“铁军出山”、“重建军部”、“浴血奋战”、“欢庆胜利”四组浮雕，代表着新四军发展历程的四个阶段。

第一部分：铁军组建，开赴敌后。主要展示的是1937年至1940年，新四军组建和挺进敌后开展抗日游击战争的历史。“七七”卢沟桥事变后，面对日军侵华暴行的肆虐和全国人民抗日怒潮的兴起，国共两党谈判达成协议，将南方八省十四个地区红军游击队改编为国民革命军陆军新编第四军。改编后的新四军不断发展壮大，先后组建了六个支队和一个挺进纵队。到1940年10月，八路军五纵队南下和北上的新四军，两军会师后共同开辟苏北抗日根据地。华中抗日根据地的蓬勃发展，正如陈毅诗云：“江淮河汉今谁属？红旗十月满天飞。”

第二部分：重建军部，坚持华中。主要陈列皖南事变和新四军在盐城重建军部的历史图片和资料。重建军部后的新四军与八路军统一整编为七个师和一个军部独立旅，分别活动在苏中地区、淮南地区、苏北地区、淮北地区、鄂豫边地区、苏南地区、皖江地区。与此同时，成立了中共中央华中局，全面加强华中抗日根据地的政治建设、经济建设、军事建设、文化建设和地方政权建设。

第三部分：驰骋江淮，浴血奋战。主要展出1941年至1943年，新四军在共产党的一元化领导下，苦战苏中、坚持淮南、保卫苏北、巩固淮北、转战鄂豫边区、鏖战苏南、坚守皖中，不断取得反"扫荡"、反"清乡"、反"清剿"的胜利，为巩固和发展华中敌后抗日根据地，与日伪顽进行了浴血奋战的史料和实物。这其中"陈毅托子"和"火烧竹篱笆"两个场景，十分鲜活地展示出陈毅代军长割舍亲情为革命的抗日情怀和苏中军民联合开展反"清乡"、反"封锁"的斗争胜利。

第四部分：战略反攻，夺取胜利。主要介绍1944年至1947年新四军参加战略反攻，夺取胜利，以及胜利完成使命改编为中国人民解放军的历史。在中共中央和中共华中局的统一领导下，新四军在大江南北建立了横跨7个省8个战略区的敌后抗日根据地，造就了与华北八路军南呼北应的战略态势，并在全国率先发起局部反攻作战，使华中敌后抗战演变为中国抗战的主战场之一，胜利地完成了中共中央赋予的抗战任务。毛泽东在1944年9月审阅《解放日报》社论《新四军的胜利出击与中国的救国事业》一文时，专门批写了"新四军是消灭不了的"，"新四军已经成为华中人民的长城"。1947年遵照中共中央命令，新四军撤销番号，编入中国人民解放军序列的华东军区华东野战军，为中国人民的解放事业继续奋斗。

各个展厅除文字、图片、照片和文物、文献外，在陈列形式上大量运用了声光电等辅助手段，依照内容展示的节奏和对文物内涵的解读，设置了雕塑、场景，同时辅之以大尺度灯箱和电视，使展示内容与展示手段相得益彰，相映成趣。流畅的展线和疏密有间的布局，将整个展厅的陈列构成了一个和谐统一的整体，使新四军八年抗战、十年征程的光辉业绩，图文并茂地展现在人们面前。

如今的新四军纪念馆已成为江苏省五大重点纪念馆之一，列全国数百家抗战题材纪念馆前十位，并先后被命名为“全国爱国主义教育示范基地”、“全国百家红色旅游经典景区”、“全国中小学爱国主义教育基地”、“全国青少年教育基地”、“全国国防教育示范基地”、“全国红色旅游工作先进集体”、“国家AAAA级旅游景区”、“国家重点文物保护单位”和“全国文化工作先进集体”等诸多国家级荣誉称号和品牌。

新四军功绩流芳百世，新四军精神千古传颂。回首展望，新四军纪念馆犹如一座“华中人民长城”的丰碑，永远屹立于盐阜大地和华中人民的心中。

（周兆涵　刘景女）

新四军重建军部

——泰山庙

纵览神州各地，取名为“泰山庙”的庙宇俯拾即是，能称得上名胜古迹的也有十余处。其中坐落于盐阜老区的泰山庙，因作为新四军重建军部旧址，作为中国人民抗战重大历史事件的发生地和见证物而彪炳史册，闻名遐迩，是中国近现代史上一处意义重大的历史遗迹。

泰山庙传说为明代兴化进士、吏部尚书李春芳所建。李春芳赴考前曾在盐城城西巧遇一买馍老妇，偶然听得老妇人的一副上联“麦黄麸白面如霜”。谁曾想这句上联竟与京城面试的“火红炭黑灰似雪”联句巧合，李春芳因此金榜题名。李春芳入仕后，为报答这场造化而修建了这所庙宇。泰山庙是新四军于“皖南事变”后重建军部的旧址，是浴火重生的新四军重建后对敌作战的指挥中心。刘少奇、陈毅等新四军指战员在这里运筹帷幄，同广大军民一道，抗击日寇，保家卫国。

张爱萍为盐城新四军重建军部旧址题写的碑名

如今的泰山庙于1984年重建，坐落于盐城市西部，现位于建军西路126号，与建军中路的新四军重建军部纪念塔、建军东路的新四军纪念馆三景一线，遥相呼应。徜徉于此，庄严肃穆的环境，充满历史厚重感的建筑群，让人仿佛回到了那艰苦的斗争岁月。

震惊中外的皖南事变爆发后，为了粉碎反动派的阴谋，重振新四军这面抗日的大旗，1941年1月25日，奉中共中央的命令，新四军于皖南事变后在盐城重建军部。同年3月8日，军部进驻泰山庙内。泰山庙为四进级院房。第一进为山门，山门前一对大石狮雄踞左右，四周栏杆石柱上亦是小石狮，多姿多态，喜迎嘉宾。入口处有八字墙，城门式的墙上书有中国佛教协会会长赵朴初题写的“泰山庙”三个隶体大字。踏石阶而上，进入山门，首先映入眼帘的是绿树红花簇拥着一块汉白玉卧碑，张爱萍上将手书“新四军重建军部旧址”勒于碑上。

绕过石碑继续沿阶而上，便是三殿两厢。前殿为日军焚毁。正殿为新四军司令部作战室，是华中抗日战场的总指挥部，军参谋长赖传珠在此办公。墙上依次悬挂着苏中、苏北、苏南、淮南、淮北、皖江和鄂豫边七块抗日根据地的作战地图(当时浙东尚未开辟)。一张会议桌置于指挥室的中央，由数张八仙桌拼成，上面摆

泰山庙正殿

刘少奇卧室

放着马灯、水碗等器具，四周摆放着木凳。东侧有两部电话、两张行军床，为军部作战参谋日夜值班的地方；西侧是报务人员工作场所。司令部作为战场的指挥中心，设置井然有序，有条不紊地处理大量复杂繁琐的战斗信息，军部的工作人员就是在这里与各个战场保持联系，传达战斗部署。

后殿为藏经楼，刘少奇政委，陈毅代军长和张茜夫妇分别住楼下东、西房内。两位领导人的房间布置简陋，极为普通的木板床上整齐的叠放着一条灰色粗布棉被，木质桌上除了油灯和手摇电话机，别无他物。刘少奇的《我们在敌后干些什么》、陈毅的《新四军在华中》等文章，就是在这艰苦的环境下撰写而成，如今这些战斗檄文已成为我党我军重要的历史文献。藏经楼中间为小型会议室，刘少奇在这里主持召开过两次中共中央华中局高级干部会议，陈毅也在这里接待过外国友人汉斯・希伯和奥地利医生罗生特。东、西各三幢厢房，分别为中共中央华中局机关和军部各机关科室的办公用房。

陈毅卧室

1941年7月，日伪军对盐阜区进行大规模“扫荡”，企图一举消灭新四军。面对强敌来犯，为了有效地保存自己、打击敌人，新四军军部决定主动撤出泰山

庙，转移至阜宁县陈集区停翅港。

1945年8月，日本无条件投降后，盘踞在泰山庙的汪伪第四军残部为控制泰山庙的制高点，与我军做垂死挣扎，竟然拆毁泰山庙，用其建筑木料在庙后土墩构筑防御工事。这座历经风霜的古建筑因此而遭到严重破坏，仅存断壁残垣。

1984年4月，经中共中央宣传部批准，具有重大纪念意义的新四军重建军部旧址泰山庙将照原样修复。1986年10月新四军重建军部45周年之际，修葺一新的泰山庙与新四军纪念馆同时对外开放。从此，这里既是赴盐游客的必来之地，又是广大人民群众接受爱国主义教育和传统革命教育的课堂。2006年5月，泰山庙被国务院列为全国重点文物保护单位。盐阜人民精神象征之一的泰山庙，必将是承载中华儿女光辉历史的未来古迹。

（潘麟之）

巍巍丰碑"铜马"情

位于黄海之滨的盐城，历史上是一座名不见经传的小城。到了近代，这座因盐而得名的城市，却因新四军重建军部于此而被誉为苏北的"延安"。

1940年，中国的抗日战争处于战略相持阶段，国共两党合作抗日的大好局面，在国民党蒋介石政府消极抗战政策的推动下，全国多个地方相继发生国民党部队进攻共产党抗日武装的事件。1941年1月，当驻扎在皖南地区的9 000余名新四军奉命北撤时，遭到了国民党军第三战区顾祝同和上官云相指挥的约8万部队的围攻。新四军全体将士经过七天七夜的浴血奋战，除部分人员突出重围外，其余人员均被俘或牺牲。新四军军长叶挺在下山谈判时被国民党无理扣押，政委项英、副参谋长周子昆等遭叛徒杀害。这就是新四军史上的千古奇冤"皖南事变"。

事变发生后，全国舆论哗然，一致谴责国民党蒋介石集团的倒行逆施，但蒋介石却将责任全部推向新四军，并以新四军不服从调遣为由撤销了新四军的番号。

中共中央为粉碎蒋介石政府的反共阴谋，1月20日，毛泽东亲自起草了重建军部的命令，通电全国，决定在苏北的盐城重建新四军，由陈毅任代军长，刘少奇任政委，盐城也因此成为华中抗战的指挥中心。

时光似箭，岁月如梭，当历史的车轮进入20世纪80年代，盐城这座英雄的城市也焕发出新的活力和蓬勃生机。为纪念新四军在盐城重建军部这一重大历史事件，1984年4月19日，经中共中央宣传部批准，同意在盐城建一座以反映新四军整个历程的纪念馆，并在市中心新建重建军部纪念塔一座（俗称大铜马），同时修复当年的重建军部旧址——泰山庙。因这三个关于新四军题材的红色旅游纪念场地刚好同处于盐城市区主干道建军路的中轴线上，所以盐城人亲切地将之称为“新马泰”。

三个红色景点中的新四军重建军部纪念塔（大铜马）位于盐城市中心，塔身由塑像和塔座两部分组成。塑像高4米，长3.8米，重3 250公斤。整座塑像由一位新四军战士和一匹战马组成，远远望去，年轻的新四军战士英姿飒爽，目光炯炯，抬头仰望前方；战马威武健壮，两耳直立，双目传神，前蹄扬起；新四军战士身背大刀，手握缰绳，骑在马背上。塔的基座高2.7米，用黑色花岗岩砌成，四面呈梯形，上面刻着原国务委员、国防部长、新四军第三师副师长张爱萍将军的亲笔题词：“新四军重建军部纪念塔。”塔身的背面镌刻着书法家鲍审书写的塔铭：……英雄铁军，始建南昌。赖党建造，人民哺养。光荣北伐，四海威扬。孤军奋斗，罗霄山上。风烟南国，艰辛备尝。抗日救亡，大旗高涨。皖南奇冤，蒋顽猖狂。重建军部，誓缚天狼。莽莽海疆，浩浩串场。将星云集，万众慨慷，政委少奇，勋业辉煌。雄才大略，陈毅军长。江淮河汉，纵横决荡。砥柱华中，铁壁铜墙。旭日东升，乐奏万方。铭文勒石，千秋共仰。

新四军重建军部纪念塔

新四军重建军部纪念塔的建造，凝聚了广大盐阜儿女对新

四军的浓情厚谊，寄托着800万盐城人民对新四军丰功伟绩的敬仰和怀念，承载着设计人员和铸造工人们的心血和汗水，这背后还有着一段段鲜为人知的故事。当年盐城市政府为高起点、高标准地建造这座塔，专门委派工作人员赴北京，邀请当时知名的雕塑专家、全国城市雕塑规划领导小组副组长王克庆。王克庆知道来意后，深为盐城人的诚意所打动，于是欣然来盐城实地考察，详细了解并现场察看纪念塔所规划的位置及周边环境。在充分酝酿后，他提出：由于纪念塔处于四面高层建筑和车水马龙的闹市区，若将铜马雕塑设计成引吭嘶鸣、腾空而起的动态，会给人以一种不稳定感。为此，王克庆在经过一番仔细斟酌后，最终才确定了雕塑的整体创意：即让一名身背大刀、手握缰绳、面容坚毅的新四军战士，神情自若地骑在马背上，这样可有效凸显广大新四军指战员面对困难，沉着冷静的必胜信念。

设计完成后，铜像由山东枣庄工艺美术公司承建。在焙烧模壳和焙炼铜块时，正值盛夏酷暑季节，有4名工人在炼造铜像过程中因高温而中暑休克。但为了完成这一光荣的政治任务，工人们充分发扬“不怕困难，勇于攻坚”的铁军精神，终于如期完成了铜雕的制作工作。

1986年9月，铜像运抵盐城安装后，与新四军纪念馆、军部旧址泰山庙同期开放。20多年来，这座新四军重建军部纪念塔（大铜马）一直屹立在盐城的市中心，成为盐城的城市标志。如今，每当人们看到“大铜马”，就会不由自主地联想到当年新四军在盐阜大地浴血奋战的场景，就会从心底油然而生一种奋发向上的激情。“不怕困难，艰苦奋斗，勇于攻坚，众志成城”的铁军精神已深深地烙在了盐城人民的心头。

大铜马、铁军情，你是盐城人民心中永远的精神丰碑。

（张树忠）

铁军摇篮铸英才

——走进新四军人物馆

新四军是一支抗日劲旅，更是一支人文荟萃、英才辈出的队伍。在新四军这个英雄群体的摇篮里，产生了新中国人民爱戴的革命领袖，涌现了战功显赫的元帅将军，培养了各条战线的领军英才。2009年10月建成开放的新四军人物馆，展示了刘少奇、陈毅、李先念等近千名新四军代表人物的风采人生和叶挺、项英、彭雪枫等数万名烈士的英雄业绩。正是他们用自己的青春和热血，铸造了铁军的丰碑，铸就了共和国的辉煌。

走进新四军人物馆，首先吸引人的是门楣上的馆名："新四军人物馆。"风格独特，笔力遒劲，铁军的铁骨雄风尽显其中。那是2008年9月，95岁高龄的张震将军受邀并欣然为人物馆辑字命名

新四军人物馆外景

的墨宝。步入序厅，首先进入视线的是铜雕号兵，号兵背枪持号，昂首挺胸，凝神聚气。“此时无声胜有声”，这无声的号角仿佛是在传递汉口建军的召唤，驰骋江淮的冲锋，更有投身祖国的解放事业和建设事业新征程的进军。号兵右边灯箱里的前言告诉我们，新四军人物馆是纪念馆主展馆的拓展和延伸。新四军将士在革命战争年代浴血奋战，驰骋在硝烟弥漫的战场；和平建设时期，他们殚精竭虑，共铸共和国的辉煌。

新四军人物馆

这里需要缀上一笔的是，新四军人物馆的建设在全国是个大胆的探索和创新，展陈大纲和脚本前后经过48次的易稿和更新，最后由中宣部宣教局牵头，中宣部、中央党史研究室、中央文献研究室等部门的领导和专家集中审稿论定。其中，陈毅长子、原对外友好协会会长陈昊苏还专门签题了意见：“赞成这个陈列大纲。反映新四军的光荣历史，离不开对重要历史人物的正确表现，希望在听取各方面意见的基础上做得更好。”经过上下反复论证审定，最终确定新四军人物馆分为四个部分：第一部分人物的编排按担任党和国家领导时间的前后为序，其他三部分人物以姓氏笔画为序。

第一部分：治国精英。展示的是新四军队伍中成长起来的22位党和国家领导人的生平经历和情感世界。部首题语告诉我们，他们是共和国的栋梁，他们的名字与共和国的宏伟基业紧紧相连。刘少奇、陈毅、李先念“一帅两主席”，是这一部分的特定展示，版面上的红门、金水桥和穹顶上红五星的设计，充分运用天安门和人民大会堂的元素，蕴含着党和国家的政治中心所在。值得一提的是人物馆展示的第一位人物是刘少奇，巧合的是人物馆接待的第一位客人是刘源将军。他在父亲照片前久久凝视，并讲述少奇同志生活中的点点滴滴。参观结束时，对陪同的省、市领导说：感谢盐阜人民对我父亲的厚爱，感谢盐城市建设了这样的好纪念馆，很好！

第二部分：将帅风采。展示的是从新四军队伍中涌现的近400位元帅、将军的生平照片和文物史料。他们佩戴的勋章，记录着闪光的人生和辉煌的历史；他们威武的神情，透射出为祖国的繁荣富强再立新功的英雄本色。他们是共和国的元勋，他们的名字为共和国的军旗增添了光彩。这一部分最后影屏播放的1955年中南海受勋的历史资料，艺术地再现了将帅们的风采人生，也进一步增加了展览内容的厚重感。

第三部分：群星璀璨。展示的是没有参加授衔的省部级地方领导、文化名人、外交才俊、国际友人和民主人士的生平业绩、作品资料和文物史料。华中大地群贤毕至、人文荟萃，他们是新中国的政权建设、经济建设、文化建设和外交事业的杰出代表，是各条战线上的精英人才，在波澜壮阔的时代舞台上发挥着主导和领军作用。尤其是在文化战线上，涌现了一大批涵盖哲学、经济、音乐、美

新四军无名烈士纪念碑

术、文化、文艺等各个方面的名人大家，他们声名远扬、建树非凡。

第四部分：英烈千秋。这部分展示了叶挺、项英、彭雪枫等高级将领和数万名知名的、不知名的烈士的光辉业绩。他们是共和国的丰碑。他们没有能够听到新中国成立的隆隆礼炮声，也没有能够接受祖国和人民的授勋，但他们用鲜血染红了五星红旗，用生命铸就了铁军军魂。眼前一面凹凸不平的墙体象征着革命历程的坎坷艰难，走在烈士墙前，仿佛是在穿越沧桑的历史，心情和脚步特别沉重……这时你会惊奇地发现，在烈士墙中有不少烈士，他们的生命虽已消逝，但他们的名字却永远留在盐阜人民心中。如郭猛、方强、胡特庸等用他们的名字命名的乡村街道。

在烈士墙的边端有一组记录数据：新四军在8年抗战期间，同日伪军作战24 600余次，共牺牲80 000余人。为纪念这些来不及留下姓名的烈士，展馆最后专门设建了“新四军无名烈士纪念碑”。在汉白玉大理石浮雕前面，黑色大理石碑身除了碑名，没有任何繁琐的雕饰，只有卧碑前铜铸火坛的火在静静地燃烧，它象征新四军将士铸就的铁军精神永垂不朽！此时此地，大家都会情不自禁地低头默哀，鞠躬致敬，祈求革命先烈的英灵在烈火中得以永生！

（周兆涵　杨勇）

华中抗日革命熔炉

——正北楼

在江苏省盐城中学校园内，繁茂的绿树丛中，有一栋旧式二层建筑，这就是抗战时期，中国人民抗日军事政治大学第五分校的校部旧址——正北楼。

正北楼建于1931年，是一栋砖木混合结构的二层楼房，平面呈“凹”字形，上下各十间，建筑面积500多平方米，楼正面东、西上方各有“北楼”二字。1940年，刘少奇、陈毅曾在这里居住和工作，并在此召开过华中总指挥部会议。作为抗日军政大学第五分校校部，正北楼奇迹般地躲过了战火，历经了岁月沧桑，成为了今

抗大五分校旧址——正北楼

天盐城市区唯一一座保留完好的民国建筑。这里曾经汇聚了刘少奇、陈毅、赖传珠、冯定、洪学智、薛暮桥等众多新四军领导和著名知识分子，吸引了从四面八方而来的进步青年，培养了两千多位华中抗日根据地亟须的干部人才，被陈毅称为是“春风满园的苗圃”，被李先念赞誉为“华中抗日革命熔炉”。作为历史的见证，1982年，正北楼被江苏省人民政府列为江苏省文物保护单位。

正北楼前的刘少奇雕像

中国人民抗日军事政治大学，是中国共产党1937年创办的培养军事和政治干部的学校，简称“抗大”。随着我们党的事业的发展和队伍的不断壮大，各根据地开始创办分校。1940年11月，在陈毅、刘少奇的直接关心下，抗大五分校在盐城正式创建，校部设在正北楼。陈毅任校长兼政委，副校长赖传珠、冯定，教育长谢祥军，政治部主任余立金，训练部部长薛暮桥。教员不仅有在抗日战争中我们自己培养和成长起来的，还有一些在文化界早就有名的知识分子，正北楼成为了一个群英荟萃、人才济济之所，一个军事文化教育中心走上了历史舞台。

正北楼孕育着新的希望。新四军在盐城重建军部，盐城成为华中抗战指挥中心。大批爱国人士尤其是爱国青年，有着高涨的抗日热情，因去延安路途遥远，又遭受国民党重重阻挠，于是选择来到了盐阜地区。抗大五分校专门在海安、东台、黄桥、阜宁、本溪、盐城设报名点。爱国青年踊跃报名，参加抗大五分校的学习，为投身新四军和华中根据地的建设积蓄能量。抗大五分校学员的构成，除了华东乃至香港等大城市来的青年学生、工人、知识分子和归国

抗大学员在学习

华侨外，还包括从部队抽调的连、排、班级干部和少数团级干部。

正北楼代表着新的征程。这是一所全新的学校，军事训练和理论学习相结合，学习与实践相结合。学习的课程既陌生又新鲜，有马列主义基础知识、时事政策、民运工作，军事学习主要是毛主席的军事著作，还有老师们自编的教材，如薛暮桥编写的教材《政治经济学》等。抗大五分校成立开学后，“皖南事变”爆发，为了使学员及时了解事变的真相和党中央严正立场与斗争策略，代军长陈毅在百忙中特地来分校作形势报告。为了提高学员们的政治理论素养，政委刘少奇还先后3次给学员们作了《论共产党员的修养》演讲。

正北楼磨砺了铁的意志。学校学习生活艰苦紧张，为了适应战争需要，除了政治文化学习，还有军事训练，队列操练、射击、刺杀、擒拿、翻越障碍等基础课都要学。冬季每天早上5点半钟起床，一直忙到晚上9点才休息。日伪“扫荡”期间，学校不时随军转移，没有校舍，挂上黑板就是课堂，背包当板凳，

抗大五分校招生广告

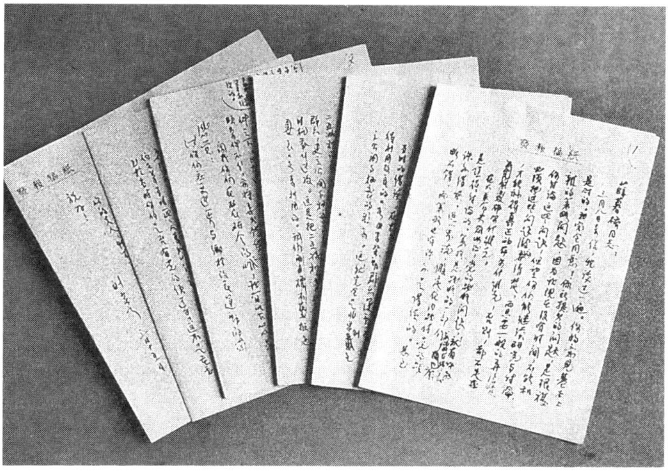

刘少奇写给抗大五分校训练部部长薛暮桥的信

膝头当课桌，学员们以苦为乐，艰苦的环境成为磨砺钢铁意志的课堂。

1941年7月，日伪军“扫荡”盐阜地区，抗大五分校师生们依依不舍地告别了正北楼，在洪学智的率领下撤离盐城。10月，学校搬移到阜东。在正北楼，抗大五分校共办过两期，毕业学生有2 519人，他们好似红色的种子，不仅成为华中战场和根据地建设的骨干力量，更为新中国的建设储备和输送了大批优秀人才。

如今的正北楼，成为了抗大五分校校史陈列室，向人们诉说着它光辉的历史。张爱萍亲笔题写匾额“中国人民抗日军政大学第五分校旧址”，薛暮桥为陈列室题名。楼前竖立着刘少奇的半身雕像。基座上，是少奇为抗大五分校的题词：为正义，为自由，为民族的与社会的解放而战斗到底！

当我们今天再次走进正北楼，不仅感受到那青砖红瓦、楼梯窗棂的民国风貌，更会感受到那段充满理想、激情燃烧的青春岁月。

（周振华）

“凤凰”停翅的地方

——新四军军部阜宁旧址

停翅港，位于阜宁县陈集乡停翅港村，这里曾经是新四军军部的驻地。

所谓停翅港，并非是什么港，只是村中有一个方圆120多亩的大水塘，绿树环抱，芦苇丛生，水塘中间有一个土墩子。相传很久以前，从西北方向飞来一只凤凰，在天空盘旋一周，然后降落在土墩上，稍憩，即向东南方向飞去。当地人们认为“凤凰不落无宝之地”，是吉祥之兆，遂将庄名定为停翅港，并称土墩为凤凰墩。

1941年1月皖南事变后，新四军在盐城重建军部。刘少奇、陈毅以盐城为中心，领导整个华中根据地军民的抗日斗争，使日伪军十分恐慌。7月，日军制定了凶狠而周密的夏季“扫荡”计划，又一次将血淋淋的双手伸向苏北地区，指向新四军军部。日军纠集了17 000余人，在200架飞机和上百艘汽艇的掩护下，分四路向盐城方向隆隆碾压过来。新四军军部提出了“保卫盐城”的口号，并作了以主力对敌，实行迎击、阻击的军事部署。三师师长黄克诚

阜宁停翅港一角

张爱萍题写的新四军阜宁军部旧址碑名

分析了当前的严峻形势后，建议中共中央华中局和军部机关应及早撤离盐城，转移到阜宁农村，跳离敌人的包围圈。为了保存有生力量，军部充分考虑了黄克诚的意见后，于7月22日主动撤离盐城向阜宁转移，11月10日由侉周村进驻停翅港。

停翅港地形复杂，周围长满芦苇，便于隐蔽。这里虽然地处偏僻，但是交通还算便捷，群众基础较好，是个能攻能守的好地方。军部进驻停翅港后，军部及直属机关、司令部、政治部、保卫部等住到一座普通的农家四合院落中。陈毅代军长、赖传珠参谋长住在停翅港，刘少奇政委住在汪朱集。

在新四军军部驻地周围云集了各种人才，尤以文化人为最。陈毅同志考虑：这些文化人是全国文化界的精英，是共产党最可信赖的朋友，在日寇频繁“扫荡”的险恶环境下，他们为民族的独立解放而来到盐阜，因此要将他们集中起来安排在根据地最安全的地方，创造条件，让他们写作。1942年9月，在离停翅港南侧的卖饭曹村成立了后来闻名全国敌后的“文化村”。从那以后，许多戴眼镜、插钢笔，手不离书，穿着新四军军装的人成为这里的新居民，至

新四军阜宁军部旧址

今村里的老人还能说出贺绿汀、阿英等人的名字。1942年10月底，在盐阜区首届参议会期间，陈毅与黄源、范长江、阿英、彭康等人同访当地进步士绅庞友兰、杨芷江，讨论通过了《艺文社缘起》，于是“湖海艺文社”也在停翅港正式成立。这些登过大雅之堂的文化人都被苏北根据地的新气象所感染，这里为他们提供了一个崭新的世界，让他们寻找到了一方净土，一个精神的家园。陈毅在戎马倥偬中常来文化村与诸文友诗歌唱和，黑白对弈，论史之兴废，议抗日之大计，形成了一种空前热烈的文化高潮。

刘少奇、陈毅在停翅港运筹帷幄，决胜千里，开展广泛的爱国统一战线工作，领导和指挥抗日军民开展反“扫荡”斗争，粉碎了日伪军的进攻，取得了整个盐阜地区反“扫荡”的胜利，极大地鼓舞了军民的抗战热情。军部驻扎停翅港期间和当地老百姓结下了深厚的友谊，老区人民以博大的胸怀和无私奉献的精神支持着抗战大业。1942年12月26日，为粉碎日伪军对盐阜区发动的第二次大“扫荡”，新四军军部和华中局分成三个梯队从停翅港战略转移到淮南黄花塘。

新四军军部离开盐阜地区后，日军第三十五师团进驻陈集，修筑了工事，停翅港一带的村舍遭到敌人的严重破坏。1943年3月25日，新四军三师副师长兼八旅旅长张爱萍亲自指挥五个连，在旅特务营和侦察队的配合下，一举攻下陈集。陈集解放后，因当时战争环境很艰苦，被日军毁坏的新四军军部驻地未能修复。新中国成立后，阜宁县人民政府在旧址处立碑以资纪念。

新四军军部和中共中央华中局进驻停翅港的一年多时间里，

统揽全局，审时度势，全面加强根据地建设，创造了辉煌的业绩，为抗战的最后胜利奠定了坚实的基础。为缅怀老一辈革命家作出的伟大贡献，展示中国反侵略战争的英勇与悲壮，2010年1月16日，投资2 000多万元，占地8 300平方米的阜宁停翅港新四军军部旧址纪念馆正式建成，对外开放。

（成春梅）

N4A 新四軍纪念館

第五部分

宾客参观访问篇

迟浩田称我为“老师”

2004年11月10日，我刚刚担任馆长两个月，按照学习计划安排，有几天是外出考察，但一个电话使我取消了外出考察的计划：原中共中央政治局委员、中央军委副主席、国务委员、国防部部长迟浩田上将将来盐城考察并参观新四军纪念馆。接待迟浩田，是我上任后的第一个重要接待，我既充满期待，更少不了担心。

迟浩田，1945年7月入伍，解放军军事学院合成系毕业，上将军衔。从电视上看，他总是那么的威严。想到这我不免有些担心，他是老兵，而我是名“新兵”，他要问我的问题如果我回答不出，他

2004年11月10日，迟浩田参观新四军纪念馆。

会不会有看法，甚至发火……我不敢再往下想。然而随着这次重要接待，彻底打消了我的担心和顾虑。

11月12日上午，迟浩田将军在市有关领导陪同下，兴致勃勃地来到了纪念馆。没想到老将军一下车，就说道：我是来学习的。当陪同的市领导把我介绍给将军时，他谦逊道：你是我的“老师”。和电视上威严的形象不同的是，他非常平易近人，谦逊和蔼。现在回想起来，虽然已过五年，但仍历历在目，印象深刻。

纪念馆的第一展厅，陈列着新四军从初建军部到刘少奇、陈毅迁驻盐城的一段历史。在表现黄桥战役的一组图片中，有年轻的烈士照片，这位烈士就是从抗战时期一直在盐阜地区传唱至今的《黄桥烧饼歌》的词作者李增援。

迟浩田上将看到这张照片时，惊喜地说：“哎呀，这张照片太珍贵了。”在讲解员向将军介绍李增援在1941年2月就牺牲在盐阜大地时，老将军惋惜地说：“英年早逝，太可惜了！”沉默少许，他拉过身旁的夫人姜青萍说：“《黄桥烧饼歌》你会唱吗？”老家在江苏金坛的姜老兴奋地说：“会呀！”紧接着71岁的姜青萍随口哼起了“黄桥烧饼黄又黄哎”的歌词。在《吃菜要吃白菜心，当兵要当新四军》的歌曲展板前，姜青萍老人也感慨地说起了这首歌，迟浩田风趣地说：“菜把好吃，菜心不好吃。”引得大家畅怀大笑。

在第二展厅一张新四军重建军部机构序列表前，迟浩田从上到下，用手指一个一个地指着表上的人名往下念。当他看到崔义田、戴济民两个人名时，转身告诉大家：“这是新四军的卫生部部长。抗战时期，新四军在盐城紧缺药品、医疗器具，宋庆龄利用她的声誉，在爱国华侨人士中，号召为新四军募捐。据我所知，当时宋庆龄将募捐得到的部分药品和医疗器具，想方设法通过日伪和国民党的封锁线，送到盐城和山东临沂的新四军军部，支援了新四军的抗日……”听着将军的叙述，在场人员都不由惊叹迟浩田将军对新四军历史了解之深。

新四军纪念馆的将帅馆陈列着从新四军中成长起来的、“文革”前被授予少将以上军衔的400多位将军们的生平。面对陈毅元帅和几位大将的戎装照片，迟浩田将军凝视久久，他高兴地对在场的人说：“了不起，盐城了不起，有这么多的将军在盐阜地区战斗过！”说得在场的盐城人的心里热乎乎的。

在将帅馆，迟浩田将军不时地指着一些开国将军，说这是谁谁谁的父亲，原来将军长期在部队，对部队中的将门虎子两代人都非常熟悉和了解。面对中将刘培善的照片，他向我们讲了这样一段令人难忘而有趣的事：1937年10月，陈毅奉命到达湘赣边的红军游击区，找到了红色独立团的段焕竞与刘培善。当时的刘培善虽知道陈毅早先就是红军中有名的指挥员，但眼前难辨陈毅的身份，于是把他转送湘赣临时省委书记谭余保处理。没想到谭余保主观臆断，把陈毅当作“叛徒”捆了起来，要陈毅交代叛变经过。几经周折后，刘培善终于核实弄清了陈毅的身份，并接受了陈毅的动员，带着部队下山参加了新四军队伍的改编。解放后，身为福州军区副政委的刘培善常和陈毅碰面，然而，每当他见到陈毅，总是采取躲避的态度。有一次会议前，刘培善见陈毅向他走来，就故意躲在别人后面

迟浩田为新四军纪念馆题词

迟浩田夫妇与作者合影

不见陈毅的面。陈毅高声笑道："刘培善，你躲啥子哟，你出来嘛！"原来，刘培善一直为当年捆绑陈毅的事而不好意思见陈毅的面。

迟浩田将军的参观，由年轻的讲解员戚华屏担任讲解。在两代人对新四军历史的交流中，在场的人们几乎看不出这是一位身经百战的解放军高级将领。当看到曾在盐阜地区战斗过的新四军三师政治部主任吴法宪的照片时，迟将军不假思索地说："吴法宪现在在济南。"在戚华屏准确无误地告诉他吴法宪于今年10月17日在山东去世的有关情况时，老将军又一次感慨地说："你对资料信息掌握得很多很准。你是我的老师！"迟浩田将军始终谦逊地把我们称为老师，即使参观结束在接待室，我们请他落座时，他还说："老师请坐。"

离开纪念馆前，迟浩田欣然应邀，挥笔留下了"弘扬铁军精神，振兴盐阜经济"的墨宝。在与市领导合影后，将军拉着我说："还有老师没合影呢。"于是摁动的快门留下了我和迟浩田将军夫妇合影这一珍贵的瞬间，也留下了我永久的纪念！

（孙国栋）

宋健的笔记本

2006年6月25日，全国政协原副主席宋健来盐视察，在省市有关领导陪同下，专程来到新四军纪念馆参观。

宋健是山东人，出生在一个"世代无鸿儒，户户近白丁"的小山村，父亲是没有读过书的贫苦农民。一个偶然的机会，14岁的宋健成为一名小八路，在部队中才开始学习，而他的勤奋最终使他成为中国乃至世界著名的科学家和杰出的科技领导人。在新四军纪念馆主馆的序厅里，当小八路军的经历被担任讲解的成春梅提起时，他显得非常自豪和激动；而当说起人们习惯地称老八路和新四军时，他非常谦逊地说自己只是个新兵。

在讲解员的引领下，宋健等来到了展厅。我们馆建于1984年，1986年正式开馆，是目前国内较为系统和全面反映新四军抗战史的综合展馆。第一厅主要是反映抗战形势和新四军组建的背景。宋健听得非常认真。在讲到新四军组建时的重要人物时，他连声说："请稍慢点。"并拿出随身

宋健在参观时认真记录

宋健参观新四军军部旧址——泰山庙

携带的大大的黑色软皮面笔记本，认真详细地记录起来。说句实话，我担任馆长也有几年，接待过不少重要领导，但碰到带着笔记本专门记录的，宋健是第一个。考虑到他年岁已高，我连忙关心地说："等参观结束，我们给您提供专门的文字资料。"他轻声说："这是我们党的光辉历史，要牢'记'。"这不由得让我生出感慨、佩服甚至是不理解。他老人家抗日战争时期参加工作，前苏联莫斯科包曼工学院研究生毕业，博士，研究员，中国科学院院士，中国工程院院士。特别是1986年宋健担任国务委员兼国家科委主任，成为掌管中国科技、环保、航天、航空、海洋、气象等诸多高精尖领域的高层领导人。从"星火计划"到"火炬计划"，他主持的中国科技体制改革，让中国科技走出独特的道路。按理说，他功成名就，现在年岁已高，今天的参观内容又不是他所从事的专业，完全可以一看而过。即使真的要记录，也可让秘书代劳，但他却是自己在认真地记录，他的努力和勤奋让我们这些小字辈自愧不如。

对于宋健，稍许上了点年龄的人并不陌生，但他的勤奋和努力，却鲜有人知。为此，我在接待过他老人家以后的几天里，专门查找关于他的资料,想从中找到答案。宋健在回忆录中说:我一直认为机会很重要。一个人能够得到一种机会学习,或者接触这种知识,也十分重要。一个人可能很聪明,但是他没有机会获得应该获得的知识,或者没有机会来发挥自己的作用,就是再聪明最后也是埋没了。所以我是既有学术兴趣,也是因为遇到机会。也许是他的出身和经历,使他时时处处在不停地学习和研究;也许是他的努力和成功,更让他体会到学习的乐趣和重要。

在新四军纪念馆和重建军部的几个小时参观中,他手中的笔几乎没有停下,碰到一些具体事,他还仔细地询问。当讲解员成春梅在参观快到尾声时,说道:“我想用您曾说过的话,结束今天的讲解。”宋老眼中露出了惊讶。“2004年4月您在接受《世纪之约》栏目采访时,曾对您的人生信念作过这样的描述:‘我的人生信念就是你们这一代人努力奋斗用自己的鲜血和力量贡献给这个国家。大自然安排我们出生到这个世界,是中国人民养育了我这么多年,为中国人民幸福和利益而生、而战、而死,这是天赋人责!’您的人生信念也是我们年青一代心灵上的楷模。”这位耄耋老人非常激动,更感到惊奇,他没有想到自己几年前的讲话,竟被纪念馆的讲解员记着,并恰到好处地运用在他自己身上,他为之动情,眼里噙着泪水,那一瞬间令在场所有人都非常感动。是啊,他那发自内心的肺腑之言,是他为之努力一生的动力,更是我们一生学习的榜样。

(孙国栋)

来自延安的农民夫妇

延安是革命圣地，盐城是革命老区。两座城市相隔数千里，因为抗战和新四军在盐城重建军部，把这两座城市连在了一起。“陕北有个延安，苏北有个盐城”流传至今，两座城市间共同流淌着红色的血脉。2002年，延安、盐城缔结为“全国双拥模范城”友好城市。2006年，延安的一对农民夫妇因为心中的红色情结，专门来到了盐城，来到了新四军纪念馆。他们朴实憨厚的身影，充满期待的眼神和质朴的语言，至今仍让我时时想起，难以忘怀。

革命圣地延安

2006年的一天，下午上班后，我照例到展厅里转一转。听大伙说，厅里有一对农民夫妇，从早上开馆就进来了，看得非常仔细，到现在中饭也没有吃。听说这个情况，我连忙进展厅寻找，看个究竟。到了楼下最后一个部分第六展厅，我见到了他们。这对夫妇看上去五十岁左右，从穿着上看确实是来自农村。丈夫用手点着版面照片下的说明，一字一字轻声地读着；女的则蹲在地下，伏在椅子上，吃力地用圆珠笔在纸上记着。我在他们背后，仔细看他们的记录，笔迹还不一样，我想大概是他们俩换着记录的结果。他们神情专注，以至于对我站在后面他们根本就没注意。夫妇俩一个读得慢，一个记得也慢，甚至个别字还不会读不会写，在商量着用其他字代替。看着他们那认真的劲头，我禁不住上前询问。听说我是馆长，他们打开了话匣介绍说："我们两口子来自延安农村。这几年，家乡发生了巨大的变化，农民手头上也有了结余，经济上宽裕了，总想找个地方转转。延安是革命圣地，这几年到延安来的人很多，可全国红色旅游的地方多得很，我们也想出去看看。淮安是周总理

纪念馆参观人流如潮

的故乡，所以我们选择了江苏淮安。这也是我们第一次离开家乡延安出远门。昨天看了周总理纪念馆，我们很受教育，可我们到这就看这么一个地方，太亏了，于是我们向当地人打听，这附近还有什么红色旅游的地方，他们向我们介绍了盐城新四军纪念馆。于是我们一早坐火车到了盐城，下了火车直奔你们馆。”听了他们的一番话，感动之余，我带着疑惑又问道：“那么你们为什么要一字不漏地抄下内容呢？”他们有点羞涩地答道：“我们来自农村，出来一趟不容易，之所以抄下内容，是为了说给村里的父老乡亲，特别是孩子们听。”为了减轻他们抄写的负担，解决他们的中午用餐问题，我请人给他们拿简介、买盒饭，他们听了直摆手，坚决不同意。

看着这对朴实又有点“犟”的农民夫妇，听着他们回家后的打算，我的心里暖暖的。从2005年开始，国家颁布《红色旅游发展纲要》，要求用三到五年时间，进一步提升展示手段，加大资金投入，努力从单一的红色教育基地向红色旅游景区转变，使更多的人走进纪念馆，接受传统教育。于是，越来越多的普通观众走进纪念馆，就像这对夫妇，而他们为了让更多的人分享红色记忆，不辞辛劳，甘为红色教育的传播人的举措更令我感动。

深为遗憾的是，当时没留下这对夫妇的姓名。但我相信，新四军纪念馆这段历史已深深地留在他们的记忆中，此行所见所闻所悟，一定会常常出现在他们与乡邻的交谈话语中。这对来自革命圣地的农民夫妇在不经意间，成为了红色历史的传播者。

（孙国栋）

唐家璇临别前的“对不起”

2007年4月14日，国务委员唐家璇，在时任江苏省省长梁保华的陪同下，来到盐城新四军纪念馆参观。平时在电视中唐家璇给人的感觉是非常的儒雅、温和，然而真正走到我们面前，他身材挺拔，眉宇间透出刚毅和坚定，显得非常的威严和自信。在他和我握手问候的瞬间，他的手温暖有力，我感到了从他身上由内而外传递出的一股力量。

唐家璇是新中国成立后的第八任外交部部长，2003年又担任国务委员，他的外交生涯可以形容为惊心动魄。在若干的重大国际事件中，他是亲历者。他和他的团队成功地进行了一次又一次斡旋，化解了一次又一次的危机。离任后，他把自己的外交生涯记录成书，这是对他近些年来对国际形势以及中国外交政策、理念和风格所做的一个概括。书中写道：中国面临的各种挑战层出不穷，有的十分严峻，在冗长艰难的外交谈判中，有的时候是在斗心理、斗胆识、斗智慧、斗耐心、斗韧性，有的甚至如急风暴雨般来势汹涌；而中国奉行独立自主的和平外交政策和构建和谐世界的主张，以及我们运用的策略和刚柔相济的做法，如和煦之风，给世界带来和平、友好、合作与发展。所以他把自己的回忆录取名为《劲雨煦风》，而唐家璇本人也成为一个大国形象的代表。

4月14日下午2点20分，唐家璇准时到达我馆，那天他上身着淡蓝色全棉衬衫，下穿藏青色休闲裤，让我们看到了从媒体中所了解的唐家璇正装形象的另一面。我馆是一个抗战题材纪念馆，日本和我国一衣带水，是近邻，但多年来，中日关系的发展并非一帆风顺，存在着相互竞争甚至相互对立的关系。进入2007年，呈现出冰雪过后的暖春。贯穿2007年始终的中日间多层次交流，则为两国关系冰雪消融提供了足够的温度。这其中，凝聚着作为中国外交上最高领导唐家璇多少的心血和智慧。

作为一位主管外交的国家领导人，又有曾经长期驻日的经历，参观作为全国综合反映新四军抗战题材馆，唐家璇肯定有着更多的切身感受。在第一展厅，讲解员讲述着新四军江南第一仗——镇江韦岗战斗。这场战斗虽然规模不大，但在国民党军队连打败仗，苏州、镇江和南京被相继占领的严峻形势下，不但痛击敌寇，粉碎日军不可战胜之神话，振奋国人抗战信心和决心，也打出了新四军的军威。听到这，唐家璇笑了。在讲解员的讲解中，唐家璇仿佛也走进了70年前的烽火岁月，他时而沉默，时而大笑。新四军队伍英雄济济、人才辈出，单从外交战线看，新中国的第二、第三任外交部部长陈毅、姬鹏飞都来自新四军；刘晓、张灿明、袁仲贤、韩念龙都

唐家璇参观新四军纪念馆并签名留念

曾担任外交部副部长，另外还有着新中国诸多的驻外大使和驻外人员，这让唐家璇倍感亲切。在陈毅的展柜中，有一套陈毅当年出国访问时穿过的中山装，唐家璇饶有兴趣地看着。在我们现代人眼里，这是一套再普通不过的衣服。如今，我们的外交官所穿的西服，都是非常高档和洒脱的，我们仅从服装上就可感受出新中国的发展变化和综合国力的增强。

最后一个展厅主要介绍的是抗战胜利及对日受降，我告诉唐家璇："客观、公正、全面宣传抗战历史是我们的责任和使命，以前大家习惯上说八年抗战，实际应是从1931年的'九一八'事变开始，所以现在我们都强调了宣传十四年抗战，你今天看的这套版面很快就要进行展陈改造，按照中宣部的要求，抗战题材馆，要突出抗战。"唐家璇连连点头，他说："中日历史关系，已故周恩来总理在1972年做了很好的概括，'两千年友好，五十年对立'。日本军国主义使中华民族蒙受沉重灾难。当然，日本人民也是受害者。只有清算了这段不幸的历史问题，中日两国人民才可能恢复过去的传

唐家璇与作者

统友好，开辟充满希望的未来。纪念馆是对民众进行爱国主义教育的好的场所，以史为鉴，面向未来，让大家记住历史教训，避免历史悲剧重演，让中日两国人民要世代友好。”

结束参观，我邀请唐家璇签字留念，他欣然应允。

临别的时刻到了，唐家璇在主馆外向纪念馆工作人员一一道别，然后和陪同的省市领导合影留念。因为随行人员众多，我也就没好意思提出合影留念的要求。然而在我送唐家璇上车握手的瞬间，唐家璇拉着我的手，连声说:“对不起，对不起。我和馆长还没合影呢。”说完下车，拉着我手，重新又来到了主馆前的台阶上，留下了令人难忘的瞬间。

（孙国栋）

乡音未改吴官正

原中共中央政治局常委、中央纪律检查委员会书记吴官正是江西余干人，1938年出生，是一个地地道道的贫穷的农民，直到上大学才知穿鞋是啥滋味。从农家孩子到中共中央政治局常委、中央纪委书记，吴官正对形形色色的腐败现象和不正之风深恶痛绝。他提出，纪检部门要继续保持高压态势，要深挖腐败分子，震慑腐败分子，让他们政治上身败名裂，经济上倾家荡产，思想上后悔莫及。因他肤色黝黑，在各场合出现时，表情多为严肃，故被誉为“包公”。

2008年10月12日上午，应江苏悦达集团之邀，吴官正和夫人专程来到盐城并参观了盐城新四军纪念馆。说实话，从接到任务开始，我就一直期待着他的到来，因为他的身影始终和老百姓关注的反腐倡廉连在一起。我从众多的媒体报道中了解到，在新一代的高级领导干部中，吴官正是很少的喜用书信形式进行交流的领导。如早在1997年，吴官正刚任山东省委书记时，他专门致山东省公安厅负责同志的《在省内不要用警车领路》一封信，专门提出到全省各地，万万不要用警车领路，路上也不要特意安排干警值勤。1997年9月19日，吴官正在党的十五届一中全会上当选中共中央政治局委员后，在致山东省委分管办公厅负责同志的一封信——《我更多地想到的是责任》中，他阐述了自己的工作思路，对同事、下属提出了要求。如在新闻报道上一律统称同志，公务活动和外出调查研究不能有任何特殊。家人不得干预他的工作和以他的名义办事情。凡打着他的名义或亲属的名义来山东要求照顾，一概拒绝，一切按规定和原则办理。尤其是在廉洁自律上，他提出：我家里一般不接待客人，有事请大家到办公室谈。这一点似乎不近人情，但作为我也只能如此，请同志们理解。所有这些在当今社会和一般人看来，不少真的是小事甚至就是应该的事，但在吴官正认为，这些往往就是领导干部忽视之事。

吴官正还是一位“敏于行，讷于言”的智者。早在1997年，他在山东省委任职期间，在一次发言中讲述了要学习“鼻子”精神，只求奉献，不求索取。人长有两只眼睛、两只耳朵、一个嘴巴，就是要你多看、多听、少说。鼻子的优点就很多：一是有同情心，眼睛流泪，它也跟着流鼻涕。二是很勇敢，人一旦伤风感冒，它先打喷嚏、发信号。三是顺其自然，不求粉饰。四是很讲团结，两孔沟通，互相配合。五是很开朗，什么气味都能吸进去，也能吐出来。一个人做官是暂时的，做人是一辈子的事。

10月，对于盐城这座沿海城市，气候更加的宜人，纪念馆的广场上到处摆放着红色鲜花，国庆喜悦的气氛还很浓厚。我和馆里同志在大门口迎接他们，第一眼见到吴官正，感觉他朴实随和。他身穿藏青色西装，白色衬衫，显得既庄重又休闲，肤色比想象中的还要黑些，手心手背的肤色还有着明显的反差。当我迎上表示欢迎时，他很温和地表示了谢意，说的也许是很纯正的江西家乡话，我听起来有点似外文。我事先也了解了一下吴官正的简历：从1959年到清华上学，除1986年到1997年的十年时间在江西任职外，其他时间都在外地工作，乡音仍然如此浓重，这在我接待的众多领导中，还是第一位，“少小离家老大回，乡音无改鬓毛衰”的古诗句立刻跳入脑中。在前往展厅的过程中，我向他汇报了纪念馆的地位、在全国的影响，还告诉他纪念馆也是党员的廉政教育基地，他微笑地听着，频频点头表示赞许。

吴官正为新四军纪念馆签名留念

凡是重要接待都有时间要求，那天纪念馆参观安排的是40分钟。整个参观的过程中，吴官正可能也知时间安排，看得出他对这段历史很感兴趣，但他还是在讲解员的娓娓介绍中很配合地朝前走着，不插一言。当讲解员讲述到黄克诚（复出后曾任中纪委书记，在党内具有极高威望）时，他停了下来，这是他的前辈。吴官正仔细地又看了一遍照片和版面说明，他对我们讲了一段话。遗憾的是，因为他乡音真的很重，我没听懂，只好顺着他说的意思点了点头，但我可以感受到他对黄老发自内心的敬重。参观结束时，他特意放慢语速说："新四军纪念馆的题材很好，是广大党员干部进行理想信念教育的重要阵地。"他的细心让我很是感动，随后，他来到馆接待室，用毛笔郑重地写下了自己的名字。

离别时，他再次表示了感谢，同时和馆里的工作同志一一握手，说："辛苦你们了。"

虽然和吴官正接触只有短短的40分钟，但他的身居高位而不骄，他的细致和对工作人员的尊重，他的多年不变的浓浓乡音都给我留下了深刻的印象，也让我从他身上学到了许多，这次接待也将永远地珍藏于我的红色记忆中。

（孙国栋）

刘源将军的盐阜情

众多新四军后代，因为对父辈有着深厚的情感，所以也热爱着父辈曾经战斗过的每一片土地。解放军总后勤部政委、原国家主席刘少奇之子刘源将军就是如此。

刘少奇同志早在1930年就曾担任江苏省委书记，1938年中共扩大的六届六中全会后，作为中共中央中原局书记身份来到华中，皖南事变后出任新四军政委，新中国成立后成为第二任国家主席。在少奇同志的光辉一生中，有十七个月是在盐阜地区度过的。在这里，他殚精竭虑、日夜操劳，领导和创建华中抗日根据地；在这里，他果断地向中央提出在盐城重建新四军军部，重振军威，把皖南事变后的新四军带出困境，成为华中抗战的中流砥柱；也是在这里，他和盐阜人民患难与共，结下了深厚情谊。1942年3月，少奇在阜宁黄河故道边与战友依依话别，北上延安。新中国成立后，身居高位的刘少奇始终牵挂着盐阜老区的发展，但由于种种原因，他再也未能踏上他所挂念的这片土地。为了了却少奇的心愿，王光美女士生前也曾多次想探访盐阜老区，为此，刘源的秘书还专程来我馆商定行程，但遗憾的是，因为王光美女士的身体原因，未能成行。

2008年是刘少奇诞辰110周年，11月16日下午，江苏省举办纪念刘少奇同志诞辰110周年座谈会，座谈会由时任江苏省委副书记、省长罗志军主持，时任江苏省委书记梁保华作重要讲话。这次座谈会规模大、级别高，发言的仅有五人：刘少奇同志亲属代表、时任解放军军事科学院政委刘源，中国新四军研究会名誉会长、原江苏省委书记韩培信，省党史学会会长、原江苏省委书记陈焕友，江苏省新四军研究会会长、原江苏省人大常委会主任储江，而我因为新四军纪念馆馆长的身份，很荣幸地作为盐阜老区的代表和江苏省数十家新四军纪念馆（地）的唯一代表，专门发言，回顾了刘少奇同志在盐城重建新四军军部、领导发展壮大新四军的光辉业绩。我得知刘源此次江苏之行只有两天，16号在南京开会，17日专程赴盐，探访父亲当年战斗生活的地方。因此我在座谈会结束后立即赶回盐城，等待着他的到来。

11月17日下午，刘源中将偕夫人魏珍来到了纪念馆，他一身戎装，格外精神。因为在南京见过面，我和他之间并不陌生，问候之后，我陪着他一起走进了展览大厅。在序厅处，面对重建军部的五位领导，刘源等敬献了花篮。少奇在盐阜的历程也从讲解员的叙述开始，当她讲起少奇同志在盐阜地区有17个月，500多个日日夜夜时，刘源动容了。因为少奇同志在新四军中的特殊地位和作

2008年11月17日，刘源在省、市领导陪同下参观新四军纪念馆。

用，所以我馆少奇的陈列资料有很多。初到华中，照片中少奇笑意吟吟；重建军部，版面上少奇凝重刚毅；华中党校，授课时少奇自如洒脱……每一张照片，刘源都仔细地端详着，用心记录着父亲在盐阜地区走过的岁月。在抗大五分校的照片中有少奇的半身雕塑，基座上是少奇为抗大五分校的题词：为正义，为自由，为民族的与社会的解放而战斗到底!刘源中将感慨道："这是先父的信仰与追求!"我告诉他，在纪念馆的贵宾接待室我们也悬挂了这幅题词，一是因为契合新四军的题材，二是对今人也有勉励之意。刘源听了，频频点头表示赞许。

参观途中，我告诉刘源，为了进一步展现新四军中众多杰出人物的精神风貌，我们新建了新四军人物馆，用四个部分展示新四军中代表人物900多位，刘源听后十分感兴趣，欣然前往。那时，新四军人物馆布展才基本完成，人物馆第一部分治国精英前言处，我对刘源讲："这一部分是按人物担任党和国家领导人时间为序的，所以您父亲排在第一位，而您又是我们人物馆接待的第一位新四军后代，在新四军人物馆上，刘家有了两个第一！"刘源听了不禁大笑。这一部分每位领导人选取照片六张，其中有一张是家庭照，反映了他们作为丈夫、父亲在平常生活中温情温馨的一面。在父母的照片前，刘源凝视久久，他说："父亲、母亲生前多次提到盐城，想来看看，但愿望都没能实现，今天我来了，也算是了却了父母的一个心愿！"在人物馆文物陈列上，我们打破了原有的仅陈列抗战文物的束缚，将文物陈列扩展到一个人的一生，所以这里有了李先念担任国家主席时使用的公文包、黄克诚复出后穿过的军

刘源将军为新四军纪念馆题词

2009年10月12日，新四军人物馆开馆，刘源在无名纪念碑前敬礼。

服、彭冲案头使用数十年的文房四宝等等，这也引起了刘源的极大兴趣。我借机向刘源表达了一个心愿，那就是作为全国最大的新四军题材综合馆，而少奇又是重建军部的主要领导，遗憾的是我们馆至今没有一件由少奇家人捐赠的物品可供展出。刘源听后立即表示回去和家人商量。

不知不觉，参观就要结束了，刘源深深地沉浸在对新四军和父亲历史的追忆中，他对新四军纪念馆陈展给予了高度评价，称赞人物馆建得很好很有意义。他由衷地说道："感谢盐城市委、市政府把纪念馆建设得这么好！感谢盐阜老区人民对我父亲这么好！"最后刘源在悬挂着父亲题词的接待室欣然题词"继承先辈传统，建设美好盐城"，表达了新四军传人对新四军重建军部所在地——盐城发展的美好祝愿！

（孙国栋）

“风云人物”龙永图

2009年10月18日，著名经济学家、博鳌亚洲论坛秘书长龙永图来到盐城。这位中国入世谈判首席专家以《“挑战与展望”——全球金融危机与中国企业发展》为主题进行了经济形势分析报告，就当地乃至整个沿海经济发达地区的产业结构、经济形势等发表了一系列独到而深刻的见解，为盐城经济发展出谋划策。19日，龙永图参观了盐城市新四军纪念馆。

我是提前一天接到通知的。和众多国人一样，在我的眼里，龙永图一直是个颇具影响的名字，他作为中国加入世贸的首席谈判代表，享有了众多的关注与荣誉，被人称赞为“中国经济全球化的符号”、“中国入世的功臣”，他的名字几乎就成了WTO的代名词。2001年，中国成功加入世贸。时年58岁的龙永图，作为第四任首席谈判代表，作为中国进步的标志性人物，承载了媒体的盛誉。这个在公共场合身着永远不变、被人称为“龙永图唯一一套衣服”的藏蓝色西装，冷峻沉稳、难得一笑的男人，最终成为见证将中国

2009年10月19日，龙永图来到新四军纪念馆。

带入世界，也将世界引入中国这一历史时刻的第一人。2003年年初，已届花甲的龙永图卸任外经贸部副部长，出人意料地选择了一个非政府组织，就任博鳌亚洲论坛秘书长，致力于让博鳌论坛成为最活跃的国际经济论坛，成为全球研究亚洲问题最权威的智囊机构和高层次的对话平台。2007年5月16日，龙永图又有了一个新的身份——主持人，他应邀担任贵州卫视《论道》栏目嘉宾主持，成为中国入主电视主持界的第一位前政府高官。这样一位个性鲜明，有着丰富人生经历的风云人物，引起了我的浓厚兴趣，不由期待着他的到来，同时也希望能够听到他对革命纪念馆在社会经济中发展的看法和良策。

19日上午，龙永图按照预定时间到达盐城市新四军纪念馆。他身穿的正是“唯一的”藏蓝西服，白色衬衫，未系领带，自信洒脱、神采奕奕。见面第一句就很直接：“馆长你好，我是来学习的。”

根据行程安排，龙永图主要参观的是我们新建的新四军人物馆。在人物馆第一部分的治国精英处，讲解员介绍到在每位领袖的版面中，各有一张家庭照时，他笑着指着陈毅的家庭照中的小女孩（陈毅女儿姗姗）说：“我和她还有她的先生是同学。”大家好奇地问道是什么时候的同学时，他回答道：“我很幸运，上世纪70年代初，不少风华正茂的同龄人因赶上‘文革’而葬送了大好时光，这时，中国也在调整外交路线，与西方接触。1973年，在周恩来总理的关怀和指示下，中国开始向西方国家派出第一批留学生，我便是其中之一，同去的就有陈姗姗、王光亚。我在英国伦敦学院攻读了一年的国际经济学专业。”

龙永图说，他一生最崇敬的人是周总理。在接下来的参观中，记忆中的将帅，熟悉的省部级领导，无不吸引着他。新四军中的外交人才在人物馆中以单独板块进行介绍，这里有新四军中走出的新中国27位外交官，这不仅是新四军的特色，也代表着新中国成立初期我国外交官构成的特点：从军队中调，从将军中选。看着版面和老外交官或他们家人提供的珍贵展出品，他对我说："不容易，不容易！"我想，这"不容易"一是对我们工作的肯定，二也是龙永图从自身职业经历感受着当年老外交官们的艰辛和不易。在无名烈士纪念碑前，龙永图深深地鞠躬表示对先烈的缅怀之情。

参观结束，我和龙永图边走边聊，他告诉我他第一次来盐城是1975年，如今的盐城发生了翻天覆地的变化。他高度赞扬了人物馆，还说起他在北京熟悉的老领导和共事的同仁"不少就是老'新'（指新四军），他们的职务虽然是在司局级，但这些人对新四军有着深厚的感情，不少人还担任着重要职务和岗位。他们也是一个值得挖掘的群体，能否把他们也加入当中？"而且龙永图考虑非常细致，他接着说："如果版面受限，可以放入查询台中，哪怕就是一个名字。这样既可以激励他们更好地为老区社会经济服务，同时也体现我们人物馆'以人为本'的宗旨。"这个建议和我们下一步建设"新四军史料中心"的构想不谋而合，我当即表示感谢。

走出人物馆，我们和这位风云人物依依告别。

（孙国栋）

孙家正的文化情结

2009年11月7日，全国政协副主席孙家正在省市领导陪同下参观了新四军人物馆。

对孙家正，我觉得非常的亲切，不仅因为他是江苏人，而且他曾任江苏省委常委、宣传部部长和省委副书记，是我们宣传系统的老上级。十几年前，我在市委宣传部工作期间就曾经接待过他两次，没想到十几年后，我作为馆长又再次接待他。车到之时，我看到随着时间的推移，在孙家正的身上沉淀下的是更加的成熟和儒

2009年11月7日，孙家正参观新四军人物馆。

雅。因为同姓，市委书记在把我介绍给孙家正副主席时，幽默地说："这是你的本家馆长。"我接着话语说："您是我们姓孙的最大干部。"大家都笑了，我引领着众人进入人物馆内。

新四军人物馆正式开馆不到一个月，孙家正逐一参观了"治国精英"、"将帅风采"、"群星璀璨"和"英烈千秋"四个部分，途中不时与随行人员交流，一起回顾新四军的奋斗历程。孙家正对新四军非常熟悉，他的出生地泗阳县正是新四军四师的活动地区。1944年，孙家正出生时，新四军开始了局部反攻，可以说，孙家正是在新四军众多胜利的捷报声中成长，因此，他对新四军有着深厚的感情。孙家正在担任全国政协副主席以前，曾十年两届连任文化部部长，是新中国任期最长的文化部部长。2008年他还当选为全国文联主席，所以不管走到哪，文化都是他最为关注的。新四军是一支充满着文化气息的部队，文化建设是这支部队队伍建设的重要特色。抗战时期，无数在全国已具有一定影响的知识分子、知识青年纷纷来到新四军中，这不仅丰富了新四军的部队构成，还大大加强了新四军的各项建设。为了展现他们的风采，我们在编写人物馆大纲时，在第三部分群星璀璨中编入了数百位文化精英，这其中就有数十位人物在全国解放后成为文化部的领导或文化界的领军。这引起了孙家正的极大兴趣，每每走近他们的版面，特别是曾在文化部工作过的，如丁峤（曾任文化部副部长）、王澜西（曾任文化部副部长）、何士德（曾任文化部电影局音乐处处长）、钱俊瑞（曾任文化部副部长）、黄其明（曾任文化部中国电影

孙家正和馆长孙国栋亲切交谈

科研所所长）、章枚（曾任文化部艺术研究编辑室主任）等，他都非常熟悉。他还告诉我们，在文化部的老部长中，有两位还是1955年授衔的将军，他们是中将肖望东和少将王澜西，而且都是老新四军。在文化名人处，他认真地听着讲解员周振华的介绍，当介绍到谢铁骊时，他眼睛里闪烁着欢乐的光芒，他笑道："我出生在苏北农村，从小是看着露天电影长大的。大人坐在地上，老人坐在板凳上，小孩到处乱窜，要想看电影就得站在板凳上。我的儿童时代就是站在板凳上看电影度过的。记得看的第一部片子是战争片《大地回春》。第二天天还没亮呢，邻里的孩子就来敲门：'快起来！昨天晚上打了那么多枪，一定有很多子弹壳，我们快去拣！'万万没有想到，若干年后，自己竟会当上广播电影电视部的部长。接到任命的时候，我首先想到的就是儿时站在凳子上看电影的情景。期望让农民和城里人一样，享受着更多更精美的文化产品。"听了他的这段话，大家都感动了。我想，可能正是儿时的经历和初衷，已然化作他献身民族文化事业的自觉和执着了。

无名烈士纪念碑前，孙家正驻足良久，不发一言，整个展厅静静的，只有纪念碑前火坛的火焰发出燃烧的嘶嘶声。我可以理解他的心情，他也是一位烈士后代，他三岁时父亲就牺牲了，对于牺牲者，他比我们有着更深的哀悼和怀念……

临别之时，孙家正对人物馆给予了很高的评价，并谦和地感谢我们的接待工作。目送他离开时，我想到他说过的一句话：文化如水，滋润万物。孙家正已完全融入到文化事业中去了，而我五年馆长红色生涯，何尝不是给我的人生染上了红色印记？这印记只会更浓，不会散去。

（孙国栋）

将门虎子彭小枫

2010年4月3日上午，我馆有幸接待了前来新四军纪念馆参观的全国人大财政经济委员会副主任委员、第二炮兵原政委彭小枫上将。彭小枫乃将门之后，父亲彭雪枫是新四军四师师长、中央军委1988年核定的我军33位军事指挥家之一。新四军后代中，在军界他是首位上将。第二炮兵(二炮)是中国人民解放军战略导弹部队，被外界称为最具神秘感的部队，因此，彭小枫的身上也多了许多神秘的色彩。此次是彭小枫第一次来馆，时间又选择了清明前夕，我想这也是他精心安排的吧。

9点15分是约定的时间，我在纪念馆大门处迎候着。果然是二炮作风，时间一到，就看到几辆军用越野车驶来，几乎是同一时间停下，车门快速打开，在第二辆车上一位长者矫健“跳”下。他身材并不高，长相也属清秀型，但他敏捷的身手，笔直的体态，不怒而威的神情，无不显现出他的将军气质。因为我从很多资料上看过彭小枫的照片，因而不用介绍，对他还是熟悉的。于

馆领导向彭小枫介绍馆藏文物

是我立即迎上去，简短欢迎后，在讲解员的引领下，我陪同将军从纪念馆广场走向展馆。一路上，我向彭小枫介绍了纪念馆的主要概况，将军一边点头一边说："你这馆是老馆了，一直想来看看，今天就是专门来的。"由于当天是周六，又是临近清明，馆里参观的人特别多。我告诉彭将军我们馆2007年开始对社会公众免费开放，2009年全年的参观人数有近100万人次时，将军感慨地说道："盐城是新四军重建军部所在地，是华中抗日的中心，指挥了新四军铁血将士们在大江南北抗战，为中华民族的独立和解放作出了不可磨灭的功勋。这个馆的建立对于宣传党史、军史很有意义。"

展厅中，彭小枫认真听取着讲解员周振华的介绍，尤其是有关他父亲的历史时，他都格外的认真。当介绍到彭雪枫创建的新四军游击支队随营学校就是后来南京陆军军事指挥学院的前身时，彭小枫频频点头并发出了爽朗的笑声，笑声中有着毫不掩饰的自豪。在第二展厅，讲解员指着一张照片告诉他："这是彭雪枫师长1942年来盐城参加华中局第一次扩大会议时的会场——阜宁单家港小学。"他静静地站在照片前，仔细地看着，仿佛要把父亲当年工作过的地方深深地印刻在脑海中。四师部分，是他很熟悉的父亲的部队，很多照片资料他可能在不同的场合看了无数遍了，但他还是非常认真地看着，听着讲解员的介绍。这里有一个展柜，里面陈列着建馆时彭雪枫师长警卫员捐赠的彭雪枫师长战马的马嚼和马镫，彭小枫饶有兴趣地看着。在我担任馆长后，征集文物都是每年的重点工作，借着这样一个难得的机会，我向彭小枫表达了征集彭雪枫文物的想法。他很遗憾地告诉我："父亲的物品身边已经没有了，甚至连父亲当年写给母亲林颖的87封家书上世纪50年代也全部捐给军博，我现在要接触到父亲的物品也非常的难。"听了以后，我也觉得非常遗憾，这也更让我感到，我们已经错过了文物征集的第一个最佳时期，在现在文物资源越来越少的情况下，拓展文物征集理念、抢救性征集革命文物已刻不容缓。彭小枫和版面上父亲的照片

彭小枫参观新四军纪念馆

拍了一张合影。版面上，彭雪枫师长骑着骏马，英姿勃发；版面前，彭小枫肃手挺立，儒雅干练。这对父子却并未能见。1944年，在收复河南的战役中，彭雪枫师长为流弹所中，壮烈殉国，时年37岁。他是新四军在战场牺牲的最高级别的将领，四个月后，彭小枫才降临人世。而如今的彭小枫已成长为新中国军队的高级指挥官，被授予上将军衔。

彭小枫对新四军人物馆的陈列展览、内容划分给予了充分肯定，在第四部分英烈千秋镌刻有280人姓名的烈士墙前，彭小枫一个一个地看过，他们和他的父亲一样，在那场民族战争中，为了信念、为了正义献出了生命。作为烈士的后代，作为和平年代的将

彭小枫向馆领导孙国栋赠送纪念品

军，无名烈士纪念碑前，彭小枫深深地鞠躬。

参观结束后，我请彭小枫来到接待室，签名后他对我说：你要的文物我没有了，但这次我给你们带来了一些东西。说话间，随行人员已把东西拿了进来，是一个精致的军绿色的箱子和一个满满的纸包，箱子里是二炮导弹的大型模型，纸包里有数本装帧精美的《彭雪枫军事文选》、《彭雪枫家书》等书籍，这些物品可以说浓缩了他们父子最引为骄傲的人生历程，也将成为纪念馆的珍贵馆藏。我对彭小枫将军表示了感谢。

中午彭小枫一行赶赴上海，其秘书发来一条短信：谢谢孙馆长今天热情的安排，首长很满意也很高兴，纪念馆建得很正规很好，我也很受教育。常联系，祝纪念馆越办越好……

（孙国栋）

“铁军”传人徐洪刚

徐洪刚，90年代感动我们的一个名字。他1971年3月出生，1990年12月入伍。现任济南军区“铁军”师政治部副主任。1993年8月17日，在川滇交界的四川省筠连县，身为班长的徐洪刚，在回乡探亲途中，为保护群众的生命财产安全，在公共汽车上同4名持刀歹徒展开殊死搏斗，被歹徒连刺14刀，肠子流出体外50多厘米。他用背心兜着肠子继续追赶歹徒，直至昏倒在地。这一天，入党刚刚一个月的他，用鲜血和生命续写了入党誓言。他的英雄壮举，在全国、全军引起强烈反响，江泽民同志亲切接见并题词“向徐洪刚同志学习”。

2010年8月14日，周六的上午，我在馆里值班。上午九点多，徐洪刚意外来访。虽是初次见面，因为有了“铁军”这个共同的话题，彼此感觉一点也不陌生。他比在过去电视中我们所看到的要胖了点，虽然穿着便装，但骨子里透出来刚毅和豪迈的军人气质。

一落座，徐洪刚就向我们赠送了一枚他们部队特有的“铁军”臂章，并自豪地介绍了自己所在的被誉为“铁军”的部队（济南军区某现代化步兵师）。这支部队历史悠久、战功卓著，和新四军同根同源。他们的前身是北伐战争的叶挺独立团，第一次国共合作由中国共产党直接领导的一支革命武装。这座钢铁熔炉，冶炼出了一大批精兵良将，仅将帅就达300多名。同时，还涌现出了强渡乌江22英雄、飞夺泸定桥22勇士、刘老庄82勇士等一大批先进集

铁军臂章

体和个人。

得知徐洪刚就是来自“铁军”部队，看着他赠送的“铁军”臂章，我感到非常的高兴。面对英雄，我借着参观的机会，忍不住问了几个问题：“当时你冲上去，就不知道害怕吗？万一那天真的出了事情想想值吗？”而徐洪刚的回答很直白：“我是个军人，面对持刀歹徒，我不会坐视不管，袖手旁观！”徐洪刚还说：“我很荣幸，参军就在有着殊荣的‘铁军’部队，它使我们淬火加钢，成为钢铁战士。”参观中，他自豪地指着新四军重要将领罗炳辉（电影《从奴隶到将军》的原型）的照片说：他出生在我家乡云南彝良，我们家乡人以他为骄傲。在纪念馆的第二展厅，面对新四军第三师第七旅第十九团第四连82名官兵（战斗结束后命名为刘老庄连）殉国牺牲的英雄壮举，他连声说道：“这个连队的建制还在，就在我们部队，现仍称刘老庄连。我们部队荣誉室也有专门的陈列。”我对徐洪刚说：“在98抗洪、汶川地震中，老百姓非常关注你们的部队，他们看到‘铁军来了’的旗子，看到‘铁军’臂章，就是看到了生的希望。作为新四军题材馆，我们倍感自豪，你们是‘铁军’的荣耀。”徐洪刚说：“在我们铁军部队的每一个官兵心中，都有着这么一个信念，这就是‘铁军’面前无困难，困难面前有‘铁军’，没有任务抢任务，抢到任务当先锋。”

“作为‘铁军’一员，不应该停留在过去的荣誉上，更应在履行使命上有所作为，走在前列。以一颗感恩之心、一腔赤子之情回报社会和服务人民。”徐洪刚发自内心地说。1994年徐洪刚被选拔到济南陆军学院学习。1999年保送南京政治学院政工系学习。2001年9月继续攻读硕士研究生。他完成了从一个普通战士到现代化部队政治工作领导者的转型和跨越。如今，他仍在不停地努力，几年间在军内外报刊发表散文、诗歌、小说等400余篇（首），成为中国作家协会会员。他酷爱书法，认真钻研，其书法作品也自成一格。他创造了自身的一个又一个的成功和精彩。

聊得尽兴，时间不知不觉到了中午。借着吃饭的这个机会，我问起了“首长干杯我随意”这个故事。徐洪刚笑着说：“你们也知道这故事？”我开玩笑地回答：“地球人都知道。”徐洪刚笑着说：“这段故事在我送你的《我在铁军》中有专门的介绍。‘首长干杯我随意’这个典故，传说是我多年前第一次进京，给一位首长敬酒，敬畏中，一时紧张，错把‘首长随意我干杯’说成‘首长干杯我随意’，结果取得意料不到的喜剧效果。从此以后，这句敬酒词就传到了军营内外、大江南北，成为人们酒桌上助兴取乐的经典用语。”

徐洪刚接着说：“说真话，酒桌上的话我无从记忆，我第一次听到这个典故，由吃惊、难受、无奈，最后释然，它成为酒席间人们经常用来助兴的话题，拉近了人与人之间的距离，充满了上下级和战友之间的纯朴和真诚。于是，我无须再跟人争辩解释了，只要能够为首长、为战友、为朋友助兴，何乐而不为？”这就是我专门求证，但没有答案的原版“首长干杯我随意”的故事。最后徐洪刚还笑着申明说：“这版权属于我。”

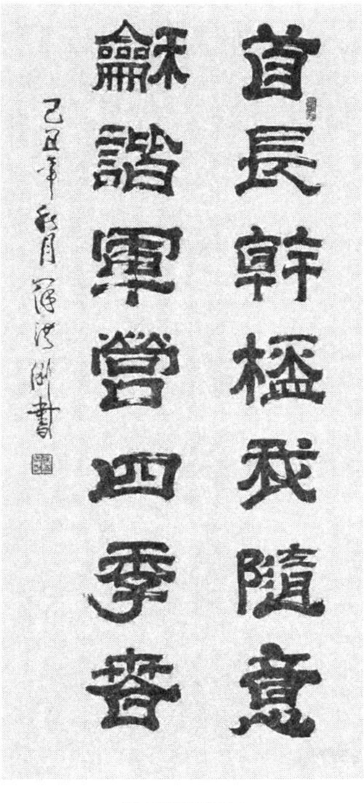

徐洪刚题词

现在，我和徐洪刚经常保持着联系，他由我过去心中遥不可及的“时代英雄”，变成了伟大而又平凡、可敬而又可学的目标榜样。我深深地感受到，向英雄学习，重要的是学习其高尚情操和思想境界，从身边一点一

滴小事做起，在平凡的人生中创造出更多的精彩；而英雄们要英雄永驻，同样要永不停步，不懈努力。徐洪刚的成功就是最好的证明。2011年8月，为了盐城海防营举行的“铁军精神”讲座，我专门给徐洪刚打电话，请他对我们盐阜老区的官兵说上几句。他说：“作为盐阜老区和‘铁军’传人，一定要坚定信念，听党指挥，立足本职，干好本行。干一行，爱一行，钻一行，精一行。无愧于时代，无愧于历史，无愧于人民。”这既是对我们盐阜官兵的要求，更是徐洪刚的人生准则。

徐洪刚

（孙国栋）

新四军同龄人徐匡迪

2011年元月11日，春节将近，我馆迎来了第十届全国政协副主席、中国工程院主席团名誉主席、中国工业经济联合会会长徐匡迪院士。

中国有句老话：学而优则仕。徐匡迪可以说是两者的完美组合。他是国际著名的钢铁冶金专家，1995年2月出任上海市市长。同年3月，他当选为中国工程院院士，成为我国第一位院士市长。

2002年任中国工程院院长、党组书记。2003年当选为第十届全国政协副主席。他的人生经历颇具传奇色彩，从学者到官员，从工科到经济学。至今，上海市民回想起徐匡迪市长时，都会竖起大拇指，“外语顶呱呱”，经济“老懂行啦”。

徐匡迪是新四军的同龄人，新四军的历史和徐匡迪的人生同样始于1937年。这一年，卢沟桥的枪声掀开中华民族更加深重的屈辱历史，为抵抗外侮，新四军在抗战烽火中组建；也是在这一年，日军侵占淞沪，徐匡迪母亲怀着他，随着难民潮匆匆逃离上海。12月11日，徐匡迪在颠簸劳顿中早产出生，当时没处去找乡下的接生婆，只能由他的父亲为其接生。他的父母感愤于国家积贫软弱，日寇烧杀抢掠，老百姓遭受如此浩劫，遂取名为“抗敌”，以铭记国恨家仇。直到1944年，抗战即将胜利，他在云南读小学二年级时，由语文老师取“匡扶正义、迪吉平安”之意，改为匡迪。对此，徐匡迪有一次在接受媒体采访时，专门提到自己名字的来历，他说自己对祖国的热爱与赤子之心，正始于孩提启蒙学写名字之时。

2011年元月11日上午9点，徐匡迪夫妇在省有关部门和市领导的陪同下来到我馆。只见他身穿藏青休闲棉风衣，头戴黑色呢制鸭舌帽，脸上始终微笑，眼神中充满着和善，以至给我的感觉虽是初见但又似老相识。

简短的敬献花篮仪式后，我们来到了展厅。当讲解员介绍到新四军成立之初编为四个支队时，徐匡迪指着四支队序列表对我们说：很多人都以为新四军是红军游击队组编而成，其实在这当中也有红军的正规部队啊！在提到新四军东进战略时，他感慨地说道：“新四军活动区域主要是在沿津浦线两侧，特别是苏北地区，在规模上虽然不及八路军，但活动在敌人的眼皮底下，既是心脏又是命脉，对敌人牵制力很大，很艰难啊！”在五师处，有一张李先念和被我军营救的盟军飞行员的合影照，徐匡迪兴奋地喊过夫人：“许老师，你来看，我见过他们！”原来他在上海时，曾出访美国，遇到了一名美国飞虎队的老兵，那名老兵对他说起二战时在中国执行轰

2011年元月11日，徐匡迪夫妇来馆参观。

炸汉口日军任务，返回时飞机失事，就是被新四军李先念的部队营救，为他疗伤治病，生活上给予照顾，使他得以康复重返部队。他至今仍然非常感激和想念当年给予他帮助的中国军队。我告诉徐匡迪，当年不仅在五师，在新四军活动的很多地方，包括我们本地建湖，也有盟军飞行员被我军和当地老百姓营救过。2008年我到北京征集文物，在洪学智家，还看到了当年被击落的美国飞机上的一只非常精美的箱子，这是美国飞行员为了感谢新四军的救命之恩送给洪老的，它一直陪伴着洪老走完了生命历程，成为中美友好的重要见证。新四军浙东纵队的版面，几乎每张照片他都仔细看着，徐匡迪深情地说：这是我的家乡，1937年我就出生在浙赣边境的一座庙里。我们家乡人为有新四军这支部队而倍感骄傲。

在新四军人物馆，有很多是徐匡迪所熟悉的老领导。我告诉他，正因为新四军活动地域的关系，全国解放后在华东尤其是在上海任职的新四军干部特别多，省部级以上的就接近30位。他详细询问了他们当年在新四军中的一些情况，并问我他们的二代，如曾庆红（曾山之子）、陈昊苏（陈毅之子）、陈小津（陈丕显之子），还有李小林（李先念之女）、叶葳蕤（叶飞之女）有没有来过。他为之动情地说道：他们应该来，这是他们的父辈战斗生活过的地方，如果没来的，我可以带信，让他们来看看，支持你们的工作。他的关心令我也非常感动。文化名人板块，更引起了他极大的兴趣。当看到吕其明、贺渌汀、沈亚威、孟波等人的版面时，徐匡迪的脸上露出了如孩童般的笑容。我知道这不仅因为有很多文化大家全国解放后就生活在上海，徐匡迪和他们都有过多次接触，还有一个原因，那就

徐匡迪签名留念

是音乐也曾是年轻时徐匡迪追逐过的理想。年轻的徐匡迪曾报考过音乐学院，只是未能考取心中理想的音乐学院才改学工科，从此走上了另外一条精彩的人生道路。对此，他曾在媒体上透露：考入被誉为“钢铁摇篮”的北京钢铁工业学院时，我一点都不懂什么钢铁专业，我们在江南水乡，第一次实习我看了吓了一跳，哎呀这么大的炉子，这么热的温度，但这是国家的需要。我觉得像我们这一代人，因为中国受的苦难太多了，总想帮国家多做一点事情，我们是为国而学。

愉快的气氛让时间显得那么的短暂，不知不觉中参观就要结束了，但徐匡迪那谦逊的品格、幽默的谈吐和从容洒脱的人格魅力，特别是作为新四军的同龄人和长期在上海工作的经历，了解熟悉众多的新四军老同志及其子女，以及他对新四军充满着感激和敬重之情，给我们留下了难以忘怀的印象。

（孙国栋）

儿女情牵父辈路

——洪学智子女盐阜故地行

对于新中国开国将帅的儿女们来说，父辈就是一座大山。所以，红二代们在缅怀父辈时，更多地采用探访父辈战斗足迹的方式，去了解父辈这座大山的厚重、深沉和峻伟。盐城，是抗战时期新四军重建军部所在地，许多新四军重要将领在这里生活战斗过，洪学智正是盐阜人民熟知和敬重的一位将军。1940年，他从太行山带领270名干部，徒步经六省来到盐阜地区，成为抗大五分校领导、保卫军部和盐阜根据地的盐阜军区首任司令员。新中国成立后，他是我军现代后勤工作的开拓者和奠基人，1955年、1988年两次被中央军委授予上将军衔。2011年10月16日中午，洪学智将军的长子洪虎偕夫人徐晓峰、妹妹洪炜等一行回到盐城，探寻父母当年的战斗足迹。我和洪虎早已熟悉，这次又是全程陪同，对他们，我又有了更多的接触、更深的了解。

洪虎，1940年出生，身材高大魁梧，为人质朴谦和，曾任吉林省省长，现为全国人大法律委员会副主任委员。和所有的红二代一样，他们既生活在父辈们的光环中，也承受了比普通人更多的磨难。抗战、反“扫荡”、转移、挥师东北甚至还有恐惧、死亡等这些新四军将士经常面对的事情，幼小的洪虎也同样天天经历。人们常说“少小离家老大还”，这句话用在洪虎身上是那么的贴切。1940年，不到1岁的洪虎跟随父母来到战火中的盐阜地区，在此生活了五年。1945年，他又跟随父母北上。童年的记忆已经模糊，只有两件事印象深刻。一是有一次召开大会，父亲在台上讲话，小洪虎躲在主席台上的桌布里，对台下的战士做鬼脸，引起全场大笑，被父亲发觉后痛揍一顿。二是小时候吃饭嫌热，调皮的他在屋檐下，接从茅草屋顶渗下的雨水泡饭。茅草水是有毒的，洪虎当晚就发起高烧，昏死过去，经三师卫生部部长吴之理、章央芬夫妇全力抢救才死里逃生。洪虎笑说，这都是“不良记录”。离开盐阜，已经有66年，当年的稚嫩幼儿也已步入古稀之年，盐阜大地一直是洪学智将军生前牵挂的地方，也是洪虎梦牵魂萦之所在。6岁离开，72岁回来。和其他后代不同的是，洪虎这次随身带着父亲写的《洪学智回忆录》和母亲张文写的《我的红军之路》。两本书已经翻阅得很旧，书中有很多地方用不同颜色的水彩笔标注着，成了洪虎一行盐阜故地的探寻指南，上面所记录的地名：白驹狮子口、龙王庙、盘湾子（今盘湾）、王桥口、陈集、八滩、合德、阜宁城、响水口……这些当年父亲战斗生活过的地方都成为洪虎和家人探访的目标。而作为全国全面反映新四军十年历程的新四军纪念馆，更是成为洪虎此行的寻访重点。这当中还有一个小插曲，按行程安排，洪虎在盐时间三天。原定到盐城的当天，即16日下午参观新四军纪念馆，可是洪虎到达盐城看了行程安排，立即提出，因夫人徐晓峰是16日夜从北京直接坐火车来盐，要第二天清晨才能到，参观纪念馆要怀着一颗敬畏的心，全家要同行，是否可改成次日？于是，17日下午，洪虎与妻子徐晓峰、妹妹洪炜带着全家人的心愿来到了纪念馆。

纪念馆同志怀着对洪学智将军的敬重，以及对洪家人长期以来对纪念馆建设关心、支持的感激之情，早早做好了迎接准备。下午3:00，洪虎一行在市领导的陪同下来到纪念馆。在讲解员的热情引导下，洪虎一行进入展厅。纪念馆主馆生动展示了新四军的十年历程，随着展线的推移，洪虎和家人不时在感叹着，父亲洪学智在新四军中的历程渐渐清晰，书中熟悉的内容在这里有了具体化。1941年4月，洪学智来到盐城新四军军部，任抗大五分校副校长

洪虎夫妇和妹妹洪炜在新四军人物馆洪学智版面前留影

兼任盐城卫戍区司令。1942年10月，任盐阜军区司令员。1943年2月，任三师代理参谋长，同年3月任参谋长。参加指挥了盐阜地区第一次反“扫荡”作战、陈集战斗、八滩战斗、合德战斗、响水口战斗、阜宁战斗等。1945年，指挥两淮战役；同年9月，任三师副师长；10月，率领部队离开苏北，北上东北。每张照片，洪虎和家人都久久地凝视，对于一些他们手中没有的图片资料，仔细翻拍带回珍藏。洪虎感慨："父亲活在我们的心目中，对于我母亲，他是最好的丈夫；对于我们子女，就是最好的父亲。苏北是父亲生前提起最多的地方，抗战岁月的艰难，在父亲心中留下了太多的回忆。”阜宁是新四军在苏北战场从日伪军手中解放的第一座城市，阜宁战役影响深远，意义重大。当讲解员指着一张照片告诉他，这就是1945年攻克阜宁祝捷大会现场时，洪虎指着照片上的主席台说：我就是躲在这，挨了父亲的打。听得大伙都不由得笑了。

新四军人物馆中，有一张1979年洪学智大家庭共24人合拍的全家福。因为没有资料说明，讲解员们无法说清照片上的大部分人，当介绍到这时，讲解员不失时机地向洪虎请教。洪虎非常耐心地一一说明，而且在讲解员作了记录后，还细心地再次复述以便讲解员核对无误。人物馆中第三部分群星璀璨，这里的人物洪虎更加熟悉，省部级领导中，有一位还是他现在同楼的邻居——马宾。在文化名人板块，当看到《柳堡的故事》的作者胡石言时，洪虎感慨：“盐城，盐阜老区，在我印象中就是《柳堡的故事》中的场景啊，这在我的记忆中一遍遍地回放。”我听后立即告诉他：“您知道么，《柳堡的故事》的拍摄地就在盐城啊，您记忆中的就是盐阜老区。”洪虎听了，惊喜地连连点头。

离开了纪念馆，洪虎一行又前往抗大五分校旧址——盐中正北楼、重建军部旧址——泰山庙、盐城军分区军史陈列室。在抗大五分校旧址——正北楼，洪虎与家人沿着窄窄的木质楼梯上楼，洪虎轻轻地抚摸着墙壁，仿佛在感受着父辈们当年留下的气息。当听到抗大五分校旧址的讲解员同志在介绍抗大五分校领导校长陈毅，副校长洪学智、冯定时，洪虎立即指出：“冯定是第一副校长（分管教学），我父亲是分管行政，应该排在后面。”军分区军史陈列室有一块版面标题是“军委、总部首长关心”，照片则是1942年洪学智陪同陈毅视察盐阜军区。洪虎谦逊地说道：“当时我父亲还不是军委领导。”这两个细节让我深深感受到洪虎的谦逊与实事求是。

洪虎等人的盐阜行，同样也牵动着老母亲张文的心，张文妈妈是一位优秀的红军女战士，1936年在长征路上和洪学智结为革命伴侣，1941年怀抱洪虎与丈夫一起来到盐阜地区。在这里，她和战友们一起度过了抗战最为艰辛的岁月；在这里，她和孩子得到了父老乡亲的无私援助，她的第二个孩子洪豹就出生在盐城，老区人民的情怀，同样也深深地烙在了张文妈妈心中。前两年我到北京征集文物，专门去看望张文妈妈，张文妈妈和我谈得最多的就是盐阜老区，她说有机会一定要到盐城看看。这次洪虎他们来盐，因她老人家已有90多岁，腿脚不便没有同行。洪虎、洪炜在盐期间，打电话最多的就是张文妈妈，以至于他们的电话一响，洪虎一行人就笑道:“老太太又来电话了,问到哪了?”这不由让我想起另一位红二代张胜,在记述父亲张爱萍《从战争中走来——两代军人的对话》一书中曾有描述,他沿着父亲当年的足迹寻访,一路上,父亲不停来电:到哪了,报告你的方位。书中的记录和我眼前的情景是多么的相似,父母亲因年事已高,难以割舍的情结,就由儿女们来实现。

盐城作为新四军重建军部所在地,新四军的足迹遍布盐阜大地,如今当地党委政府为了更好地缅怀和纪念,对一些重要战斗、重大事件专门兴建了纪念地(馆)。于是射阳县华中工委纪念馆、大丰市八路军、新四军白驹狮子口会师纪念碑、滨海县王桥战斗烈士纪念馆、阜宁县新四军三师驻地旧址、阜宁县铁军纪念馆等,都成了洪虎一行的必访之地。

射阳县、阜宁县是洪虎一行盐阜行的最后一站。洪虎说:父亲书中多次提及射阳河,我们一定要到那去看看。射阳河古名潮河,是由射阳湖湖水冲蚀而成的天然河道,河也由此得名。河道曲折,支流众多,是里下河地区排水入海的最大天然干河。也就是这条河,成为战争中的天然屏障,兵家必争之地。洪学智来回穿行了无

洪虎等参观滨海县王桥战斗烈士纪念地

数次，阜宁战役前，洪学智还在射阳河的上游用小木架载着“我军必胜”、“敌军必败”等宣传品顺着射阳河水飘入阜宁城。

18日傍晚，洪虎一行来到了射阳河畔。寂静夜色下的射阳河，显得那么的宽广幽静，洪虎和家人在岸边静静地伫立，深情凝视着眼前的这方水土。看着他们的背影，大家谁也不愿打扰，河水依旧，物是人非，他们是在想象着父辈硝烟弥漫的过去和射阳河畔的冲锋呐喊呢，还是在想象着这条母亲河如何养育了新四军和自己的家人？对父辈深厚的感情，对老区深深的眷念，已铭刻在洪家人的心中。这眼前的一切，也深深地感染了我。许久许久，洪虎转过身子，像是对我，又像是自言自语：盐城，我还会回来的……

（孙国栋）

李源潮的新年嘱托

李源潮，1950年11月生，江苏涟水人，现任中共中央政治局委员、中共中央书记处书记、中共中央组织部部长。

2012年正月初四，盐城处处洋溢着春节欢乐祥和的浓烈气氛。晚上10点我接到通知，李源潮同志将来我馆参观。这是我馆2012年的第一场重要接待。从侧面得到的信息是，李源潮同志低调随和，接待要求规格从简，因此我们没有刻意准备，甚至还取消了铺设的红地毯的惯例。

正月初六，我和同事们早早地在展厅等候着他的到来。早上八点半开始，市区不少店铺燃放开门鞭，鞭炮声此起彼伏，甚是热闹喜庆，我和馆里同志笑说：这是盐城人在欢迎李源潮同志的到来啊！

李源潮在江苏任省委书记期间，曾于2003年、2007年两次来我馆参观，对盐城这片热土和新四军纪念馆有着特殊的情结。2003年我还没到纪念馆，而2007年李源潮在盐城参加江苏沿海发展论坛，临时决定来馆参观，我出差在外不能赶回，遗憾未能谋面。李源潮2007年来纪念馆参观后不久，主馆实施闭馆改造，到了2007年年底才重新开馆并对社会公众免费开放。2010年我们又新建了新四军人物馆。李源潮的父亲李干成，作为新四军地方干部和省部级领导也在其中，他的哥哥李健之专门来馆参观并捐赠李干成生前使用过的几十册读本。人物馆开馆两年多来，已吸引了近400位新四军红二代前来。我们也从内心期盼着李源潮的到来，然而他真的要来，又不免有点担心。从2007年开始展陈重建、广场扩建、人物馆新建，接受着众多新四军老同志和红二代的检阅，李源潮作为党和国家领导人以及新四军红二代，会有着什么样的看法和意见呢？

时针指向9点30分，李源潮同志在江苏省省长李学勇、组织部部长杨新力和盐城市党政主要领导的陪同下，来到了纪念馆。只见他笑容满面，露出两个深深的酒窝，平和亲切，在市领导一一作了介绍后，我陪同李源潮一行进入展厅。春节期间，为了普及铁军精神，我们制作了铁军精神宣传展板陈列在序厅两侧，这吸引了李源潮的关注。他仔细看过每个展板、每张图片，在展览的结束部分，他回过头来面带笑容地问我："为什么会搞这个展览？"我回答道："春节面对大量在外工作回家探亲的盐城人和广大市民，我们每年都搞一些临时展览，以丰富展览内容，今年的主题是铁军精神。"李源潮听后，予以肯定地说道："很好！"

这次接待时间要求是一个小时，然而当李源潮进入展厅后，我发现，可能时间会不够。纪念馆在2007年改版后，不仅科学划分了陈列内容，也增加了文物陈列的数量，一些珍贵文物也进入展柜。第一展厅第一个展柜中陈列出的抗战前日本出版的《世界精图》，翻开的那页正是日本绘制的交通地图。在图中，日本把交通线扩展到中国、朝鲜半岛和东南亚，狼子野心跃然纸上。地图前，李源潮驻足凝视许久。虽已是几次来馆，虽然这段历史极为熟悉，但每张照片、每段文字说明、每件文物他都认真观看。在看到第二展厅重建军部时，新四军逐渐发展壮大。他转身对我们强调："我们要全面准确地理解、把握党史、军史和新四军历史。新四军、八路军自成立之日起就是共产党领导的抗日武装。至于在重建军部之前使用国民党的番号，隶属于国民党战区等，那是抗日和统一战线的需要。"时间不知不觉地过了一小时，随行的领导轻声地对李部长说："下面我们还要到县里一个点考察。"李部长说："上午就在这吧，难得有机会到这里学习。”我也连忙抓住机会说:“请首长留点时间看看我们新建设的人物馆。”李部长笑着点头说:“一定要去的。”

李源潮参观新四军人物馆

10点40分左右,李源潮兴致勃勃地来到了新四军人物馆。在序厅,他详细询问了人物馆的基本情况,并提到新四军首任军长叶挺在人物馆中的排列,他语重心长地说:“人物馆建的很好、很全,但可以再突出些叶挺军长在军队中的重要地位。”人物馆第三部分群星璀璨中,介绍有131位从新四军队伍中走出的省部级领导,李源潮的父亲、新四军老同志、原上海市副市长李干成的生平也陈列于此,展柜中还陈列有李干成生前读过的“毛选”数本。在日常接待中,李源潮的名字在这里也时常被观众提起。少年李源潮历经磨难,1968年到1972年,李源潮被下放到盐城大丰境内的上海农场,日出而作、日落而息,期间父亲李干成曾生病住院,生命垂危,李源潮历经艰难回到上海,在父亲病房仅呆了20分钟,就被赶出,返回农场。艰难的环境磨砺了他的意志,苦难的生活激发了他的斗志,从而取得了今日的成就。在省部级领导板块,李源潮不仅看到了父亲,还看到了熟悉的同事——丁峤。丁峤曾任苏北抗大文工团戏剧组组长、新四军文工团戏剧股股长、第三野战军文工团副团长,新中国成立后任文化部副部长。李源潮看了高兴地说:“我到文化部任副部长,他刚退,标准的领导同事,你们搜集这么多资料不容易啊。”当他得知部分资料因时间紧未能征集到时,还给我们提供了一些名字,建议我们应在哪找。

可能是出于职业习惯,李源潮对重点人物在各个时期的职务经历非常感兴趣,不时询问和介绍,对个别老干部的履历,李源潮

李源潮题词

还作了分析和说明，他说了解历史、党史，对我们做好老干部工作很重要。

时间在参观中不知不觉地流逝着，原定一小时的行程，李源潮看了近两个半小时。临别时，他对我们馆给予了高度评价，称赞展览好，全国最大，嘱托我们下一步把铁军精神宣传好。11点30分，李源潮离开了纪念馆。看着车窗中的他笑意吟吟，想着他的嘱托希望，我深感责任重大。

正月初七一上班，我接到电话，要我到市领导那取回李源潮部长题字。原来，李部长离开纪念馆后，久久沉浸在上午参观的感动之中，在离开盐城前夕，他挥毫赋诗一首表达了自己的心境和对新四军的崇敬之情：

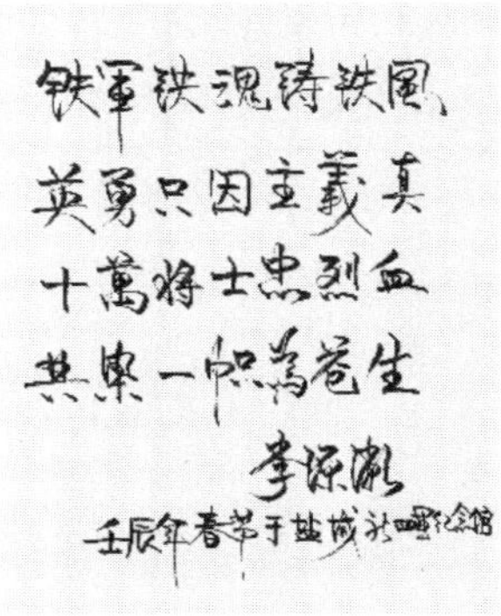
铁军铁魂铸铁风
英勇只因主義真
十萬将士忠烈血
共染一帜為苍生
李源潮
壬辰年春节于盐城新四军纪念馆

李源潮的新年嘱托

铁军铁魂铸铁风，英勇只因主义真。
十万将士忠烈血，共染一帜为苍生。

壬辰年春节　李源潮于盐城新四军纪念馆

（孙国栋）

蓝眼睛看新四军

在中国人民的抗战岁月里，有许多外国友人远涉重洋，来到了中国，来到了新四军。他们国籍不同、信仰不同，但他们以独特的视角，注视着中国共产党和他们所领导的军队，注视着他们是如何在艰难的条件下实现着自己的理想。身在异域的他们，渐渐地融入了这片土地，与中国人民并肩作战，有的还成为了中国共产党党员，他们的名字被永远烙进新四军历史。今天，他们的同胞又追寻着先辈的足迹，来到了他们当年战斗过的地方。

2012年2月20日下午，新四军纪念馆来了几位特殊的客人，他们是来自奥地利的巴罗奇·阿布洛夫先生、英国的Holly小姐、上海东方传媒集团副总裁陈梁、传记作家何晓鲁等。他们为了筹拍罗生特传奇一生的影片《革命者》，专程来盐城寻访体验和收集素材。

罗生特，奥地利犹太人，医学博士。这个名字不仅在新四军中，而且在八路军、解放军中都为许多人知晓。1939年，纳粹德国吞并奥地利后，罗生特因种族歧视受尽纳粹迫害，历经艰辛流亡到被犹太人称为“诺亚方舟”的上海，并在上海租界开设了诊所。坎坷的命运使他同情遭受日寇欺凌的中国人民，1941年，他与上海的中国组织建立了联系，进入苏北抗日根据地，是第一个加入新四军的国际人士。罗生特医术高超，又因其鼻子很高，被誉为“大鼻子神医”。他救治军民无数，这当中还包括共产党高级将领罗荣桓、万毅、曾炳华等。在盐城，罗生特还为陈毅长子陈昊苏接生。抗日

馆领导孙国栋（右一）向巴罗奇·阿布洛夫先生（左一）、Holly小姐（中）介绍新四军纪念馆情况。

战争胜利后，罗生特被派往东北工作，担任东北野战军一纵卫生部长，在哈尔滨工作了三年后回国。1952年，因心肌梗塞客死他乡。他将自己短短的49年生命中五分之一的时间贡献给了中国，陈毅元帅称他为“活着的白求恩”。

作为这部影片的编剧，兼任“亚欧制片公司”制片人，年龄已有70岁的阿布洛夫先生敬佩于罗生特的信仰与人格，多年来一直在研究罗生特，并努力促成了《革命者》影片的拍摄，但真正到了撰写具体脚本时，阿布洛夫先生的笔尖凝滞了。罗生特历经劫难来到上海，有了稳定舒适的生活，为什么又毅然放弃了这一切，选择了中国共产党，加入了新四军？这一系列问题，使他疑惑困扰，甚至无法理解。因此他下定决心，要到罗生特曾经生活战斗过的上海、盐城等地寻找答案。

阿布洛夫先生没有在中国生活的经历，重建军部所在地的盐城，一切都让他好奇。一见面，他就对我说：“抱歉，我真的有好多的问题。”他的问题首先是从罗生特在上海参加新四军开始的。他很认真地问道：罗生特在上海药铺开得好好的，怎么会想到参加新四军？又是怎么到了盐城的呢？好在这个问题有现成的答案：罗生特在上海与沈其震结识，并要求参加新四军。1941年3月中旬，他由中共地下党员护送秘密奔赴苏北，被安排在盐城新四军军部任卫生部顾问。从此，罗生特的名字在新四军中传开来。1942年春，罗生特成为中共特别党员。他又问：“在盐城，新四军生活在什么地方，平时吃的什么，是大规模的集中住，还是分散居住？”说实话，这些看似简单的问题，具体回答起来还真有点难。

我读过黄克诚、张爱萍、吴法宪等人的自传，他们回忆道：战争年代，苏北条件比较艰苦，部队行军打仗，居无定所，经常是露宿风餐。为了躲避日伪军的“扫荡”和飞机轰炸，部队人员有时要分散到老百姓家里，有时睡觉一个晚上要换几个地方，甚至许多时候要隐藏到芦苇丛中。许多非战斗人员以及家属都经安排，到农村老乡家去。洪学智夫人、老红军张文回忆道：在那烽火连天的日子里，学智同志带领抗大五分校的学生队，边学习、边打仗，几乎天天进行着斗敌顽、反“扫荡”的斗争，我一个人领着儿子洪虎，住在盐城的一个大庙里。情况紧急时，我们就跑到玉米地里隐藏。那时候，玉米都快熟了，在地里躺都没法躺，坐也没法坐，大热天穿得又少，身上被玉米叶子划得一道道血痕，一出汗疼得受不了。所有这些，对一个没有过这种战争经历的外国人来说，确实难以想象。我只能简单地加以叙述。经过翻译，他似懂非懂地点了点头。接着他又不满足地追问：当时乡下的房子是什么样？我们解释是茅草屋，他仍然无法想象。幸亏他们一同来的人插话说“回去请他看光盘《柳堡的故事》”，才为我们解了围。参观中他的眼睛突然放光，头伏在展柜的玻璃上，对新四军所佩戴的臂章感了兴趣。看了一会，他提出这样一个有趣的问题：新四军用过两种不同臂章，一种是写有“新四军”字样的汉字臂章，另一种是写有“N4A”符号的字母数字臂章，为什么同一支抗战部队却有两种不同臂章？这两种臂章是交互佩用还是有先后之别？又是谁设计的呢？臂章是抗战时期国共两党关系发展变化的产物。新四军在皖南事变后佩用“N4A”臂章，设计者为鲁迅艺术学院华中分院美术系教员庄五州；抗战胜利后佩戴“新四军”臂章，两种臂章有着时间上的先后之别。

他的好奇心不断，所提问题越来越有水准和难度，比如：这战士受伤送到哪里？有没有后方医院？医院是什么样子？这些问题是他在写剧本时所涉及的。新四军建立初期，深入敌后打游击，流动性大，无固定根据地。轻伤员就地包扎立即归队；稍重的伤病员，就地休养，伤势减轻、身体基本恢复即归队；重伤病员分散在老百姓家中，由医务人员分村包干，进行巡回治疗，需手术者也在居民家进行，有条件时则将伤员集中于祠堂、庙宇内进行手术。1941年重建军部，新四军处在华中敌后，周围都是敌军和顽军，战斗频繁。在此情况下，自建医院是不现实的，只有利用民房、庙宇或祠堂收治患者，条件比皖南时期要困难。到了后期成立了一些后方医院，设在离战场较远的偏僻乡村，既要便于隐蔽和转移，又要能得到老百姓的照料。后方医院往往设备简陋，手术器械只有剪、钳、刀、锯、针筒、听诊器等，药品、药棉、纱布也很少。为确保后方医院的安全，新四军要有专门的人担任警卫工作，日夜轮流放哨。老百姓也自觉对外封锁消息，不让日伪军打听到这里的情况。这些情节我们在京剧《沙家浜》中似曾相识。

两个小时里，他的提问不停，我们的交流不断。新四军在他的脑海里，渐渐有了清晰的概念和轮廓。他终于明白了罗生特为什么

新四军纪念馆厅厅前留影

不远万里来到中国，加入了共产党，参加了新四军。他欣慰盐城之行，有了许多翔实生动的第一手资料，他相信随着《革命者》在欧洲问世，会有更多和他一样的蓝眼睛，了解新四军和他们在世界反法西斯战斗中的重要作用。而他另眼看新四军的认真态度，严谨的作风和打破沙锅问到底的精神，更给我留下了难忘的印象，值得我们学习和借鉴。

（孙国栋）

后　记

为了进一步宣传新四军的丰功伟绩，更好地弘扬“铁军精神”，我们按照统一部署，组织编写出版了《中国纪念馆故事》系列丛书《新四军纪念馆故事》一书。本书的编辑出版工作得到了中国博物馆协会纪念馆专业委员会的大力支持和南京出版社的指导帮助，在此，谨致以诚挚的感谢！

本书由孙国栋、铁春燕、陈宗彪、周兆涵拟定写作提纲。孙国栋、铁春燕、陈宗彪、周兆涵、张树忠、成春梅、周振华、刘景女、杨勇、潘麟之十位作者，分别承担了书中相关篇章的写作任务和图片的编辑工作，周兆涵承担了前言和后记文稿的撰写工作。全书最后由孙国栋、陈宗彪、周兆涵统一修改、定稿。

由于新四军活动地域分布广、年代跨度大，我们对新四军历史还缺乏深入的了解和研究。加之水平有限和时间仓促，书中难免有不当和疏漏之处，恳请广大读者予以批评指正。

2012年5月